単純接触効果研究の最前線

宮本聡介・太田信夫 編著

北大路書房

はじめに

　本書でも何度も登場するザイアンスの論文"Attitudinal Effects of Mere Exposure"が発刊されたのが1968年。ちょうど私が2歳のときである。はじめて"単純接触効果"という言葉を見聞きしたのは，それからおよそ20年後，私が学部生だったころのことだ。実はそれ以前にも，私がまだ中学生だったとき，英語の教科書（「New Horizon」という教科書だったことは記憶にあるのだが，何年生対象の教科書だったかまでは思い出せない）の中に，単純接触効果を題材にしたと思われる教材が含まれていた。次のようなあらすじだったと記憶している。

　　ある朝，仕事に向かう途中で1人の男とすれ違った主人公は，面識がないはずのその男に対して不思議な懐かしさ，親近感を抱いていることに気づく。その理由を考えながら歩いていると，毎朝通る交番の前でびっくりして立ち止まる。指名手配中の犯人の写真のなかに先ほどの男がいるではないか。実は主人公は毎日あの男の顔を交番の前で見ていたのである。

　英語の教科書の教材として用いられていたこのストーリーを，今でも覚えているということは，私がこの教材から何らかのインパクトを受けたからに違いない。おそらく学部時代の心理学の授業で単純接触効果が印象に残ったのも，この英語教材と結びついたからではないかと思う。そして私は，いつしか卒業論文のテーマに単純接触効果を取り上げていた。1989年のことである。奇しくもこの年，本書のなかでもザイアンスの論文と同じくらい多くの箇所で引用されているボーンスタイン（Bornstein, 1989）の論文が，Psychological Researchから発刊される。私がこの論文の存在に気付くほど優秀な学生でなかったことに，今では複雑な思いを抱いている。もし私が当時この論文に触れていたなら，もしかしたら社会心理学の道を歩まず，認知心理学の道を選んでいたかもしれない。

　最近まで，単純接触効果からは距離を置いていた。事態が一変したのは，

2006年に福岡で開催された日本心理学会で，本書の執筆者でもある筑波大学の生駒さんから，単純接触効果にからんだ自主企画シンポジウムのコメンテーターを依頼されたときである。刺激を提示する回数によって，その刺激に対する好意度が変化するという現象はわかりやすい。また社会心理学のフィールドで行われていた実験は，比較的簡易に実施することができる。それゆえ，非常に多くの実験が積み重ねられ，この現象の性質はほとんど解明されたのではないかという印象を私はもっていた。しかし前述の自主企画シンポジウムに登壇した若い研究者たちの話題提供を聞いたとき，単純接触効果の研究が，社会心理学という狭い領域にとどまらず，私の想像をはるかに超えた多種多彩な領域に広がっていることを知らされることになる。

　本書の1章でも触れたが，歴史的にみると，最初に単純接触効果研究が盛んに行われたのは，社会心理学の領域だった。したがって，社会心理学を学んだことのある読者であれば，大学の授業，社会心理学の教科書の中で，一度はこの言葉に触れているのではないかと思う。しかし，単純接触効果の新しい潮流は，社会心理学者よりも認知心理学者によってもたらされている。それは本書の執筆を手掛けた研究者の多くが，認知心理学のフィールドで活躍する研究者であることからもうかがい知ることができる。

　ではそろそろ本書の概略を紹介しておこう。

　1章，2章の2つの章では，今から100年以上前に発見された単純接触効果の研究が，どのような歴史的変遷を辿ってきたのか，その概略を述べた。

　3章から6章では単純接触効果という現象の発現メカニズムに触れた。3章では，単純接触効果を説明するモデルの中で，現在最も有力とされている，知覚的流暢性誤帰属説について詳しい解説がなされている。4章では，刺激への単純接触によって，その刺激に対する知識表象がどのように形成され，そのことが単純接触効果とどう関わっているのかが述べられている。5章では単純接触効果と潜在学習との類似性について，さまざまな角度から論じられている。6章では，対象選好（意思決定）への単純接触の影響と，本人が自覚している選考理由との食い違いについて，詳しく報告されている。

　7章から9章までは，これまでになかった単純接触効果研究の新しい流れに属するものを取り上げ紹介した。7章では視覚と触覚のように異なるモダリテ

ィ間でも単純接触効果が生じるのかどうかが報告されている。8章では東洋・西洋のような文化圏の違いによって，単純接触効果現象の発現に差異がみられるのかどうかが報告されている。9章では，音楽の単純接触効果の問題が取り上げられている。単純接触効果と音楽との関わりは古くから論じられているが，本章ではまだあまり知られていない最新の知見までが紹介されている。

10章以降は，日常生活になじみのある刺激を取り上げている。10章では広告の単純接触効果の問題を取り上げた。以下，11章では日常的に使われている単語，12章では衣服，13章では香り，そして14章では味覚の単純接触効果が論じられている。いずれの刺激の場合も，単純接触の影響がある程度みられることが興味深い。しかしまた，この先明らかにしなくてはならない課題も指摘されている。

以上のように，本書に目を通していただければ，単純接触効果にかかわる多様な研究の現状を知ることができるだろう。本書が単純接触効果の更なる発展に寄与することを，本書の編集という役目を引き受けた者として，切に願うところである。

宮本聡介，太田信夫

目　次

はじめに　i

I　単純接触効果研究史

1章　1970年代

1　単純接触効果研究の夜明け　2
2　ザイアンス（1968）の研究の概略　4
3　単純接触効果の方法論の概観　6
　(1)　刺激変数　6
　(2)　提示変数　7
　(3)　測定変数　9
　(4)　個人差変数　10
4　単純接触効果の説明モデル　11
5　感情と認知の独立性　13

2章　1980年代以降

1　感情認知論争　15
　(1)　閾下単純接触効果　15
　(2)　感情が先か，認知が先か　16
2　理論的発展　18
　(1)　感情先行説　18
　(2)　非特異的活性化説　18
　(3)　知覚的流暢性誤帰属説　19
　(4)　その他の諸説　20
3　今後の展望　21
4　本邦における動向　22

II 単純接触効果のメカニズム

3章 知覚的流暢性誤帰属説

1 考え方と特長　26
2 論点　27
　(1)「知覚的」か　27
　(2) どんな判断にも帰属されるか　29
　(3) 単純接触効果を抑制することは可能か　31
3 新しい発展　34
　(1) 顕在記憶と排反しない誤帰属現象としての単純接触効果　34
　(2) ヘドニック流暢性モデル　36

4章 単純接触効果と概念形成

1 概念とプロトタイプ　37
　(1) 概念構造のモデル：プロトタイプモデルと範例モデル　38
　(2) 表象の統合　40
　(3) 概念の形成：事象と事例　41
2 単純接触効果とプロトタイプとの関わり　42
　(1) 実験的検討　43
　(2) 多次元刺激の反復呈示による概念形成と感性判断　45
　(3) 長期的インターバルが典型的表象の感性判断へ及ぼす効果への影響　45
　(4) 属性間相関が感性判断に及ぼす効果　46
3 まとめ：単純接触効果と概念形成　46
　(1) 事象ベースの概念学習によるプロトタイプの形成　46
　(2) 単純接触効果における概念形成の介在　47

5章 単純接触効果と潜在学習

1 単純接触効果と潜在学習の関係について　49
2 「質的な違い」と「量的な違い」を理解するために　55
3 「質的な違い」と「量的な違い」を切り分けるために　57
　(1) どんな実験を行ったのか　57
　(2) 実験から得られた結果　59
　(3) 実験の結果と解釈　59
4 説明に「感情」という概念を導入するということ：結語にかえて　60

6章　単純接触効果と意思決定

1. 言語報告はあてにならない　63
   (1) 選択後に報告される理由　63
   (2) なぜ言語報告はあてにならないのか　64
   (3) 選択前に報告される理由　65
2. 反復呈示が選好に及ぼす影響への自覚　66
3. 反復呈示から受ける影響の自覚の欠如と影響の受容　67
4. まとめ　69

III　単純接触効果と周辺領域

7章　感性研究と単純接触効果

1. 感性とは？　72
2. 感性的評価における感覚間相互作用　73
3. 好意判断と単純接触効果　76
4. 単純接触効果と感覚間相互作用　78
5. 感性研究と単純接触効果の今後　82

8章　文化心理学と単純接触効果

1. なぜ文化心理学が単純接触効果を扱うのか　84
2. 単純接触効果に関する日米比較実験　87
   (1) 聴覚刺激を用いた第1実験　87
   (2) 写真刺激を用いた第2実験　89
3. 単純接触効果の文化普遍性が示すこと　91

9章　音楽心理学と単純接触効果

1. 音楽の繰り返し聴取の効果　94
2. 単純接触効果研究における音楽の利用　95
   (1) 反復接触させる刺激としての利用　95
   (2) 反復接触させる刺激としてではない利用　97
3. 音楽心理学における応用可能性と今後の展望　98
   (1) 音楽の潜在記憶　98
   (2) 自発的な繰り返し聴取　99
   (3) モーツァルト効果　100

IV 単純接触効果と日常生活

10章 広告の効果

1. 広告とその認知　104
    (1) 広告の構成要素　105
    (2) 広告情報の認知プロセス　105
2. 広告と単純接触効果との関わり　106
    (1) 広告への感情的反応と単純接触効果　107
    (2) 広告への認知的反応と単純接触効果　107
3. 広告の呈示回数の効果　109
    (1) 広告反復呈示の促進効果　109
    (2) 広告反復呈示の抑制効果　112
4. まとめ　112

11章 言語の単純接触効果

1. 言語心理学から始まった　114
    (1) 全国規模の接触効果　114
    (2) 言語心理学との接点　115
    (3) 日本語の幸運　116
2. 計量国語学の引力　117
    (1) 一般対応法則の導入　117
    (2) 数理生態学との関係　118
    (3) ロジスティック回帰分析への展開　118
3. 大規模コーパスを使う　119
    (1) 予測力の検証に向けて　119
    (2) 異体字頻度をコーパスで調べる　120
    (3) 予測は的中するか　122
4. 言語政策とのリンク　124
    (1) 文字生活のサイクルモデル　124
    (2) 漢字刺激の潜在単純接触効果　125
    (3) 好きなものには「なじみ」を感じるか　126
    (4) 言語政策への貢献　126

12章 衣服の単純接触効果

1. 衣服と単純接触効果　128
2. 衣服を対象とした単純接触効果の多面的研究　129
    (1) 新奇さの度合いと単純接触効果　129

(2) モデルの影響と単純接触効果　131
　　　(3) 閾下呈示と単純接触効果　132
　　　(4) 柔道着のカラー化と単純接触効果　134
　3　流行採用の動機群への新たな動機の位置づけ　135
　　　(1) 流行採用の動機として従来指摘されてきた諸動機の再整理　135
　　　(2) 再整理された動機群への新たな動機の位置づけ　137
　4　今後の研究の課題　138
　　　(1) 衣服の単純接触効果自体に関する今後の課題　138
　　　(2) 単純接触効果に起因する流行採用動機の研究　139

13章　香りの単純接触効果

　1　接触による香りの嗜好変化　141
　　　(1) 香りの単純接触効果と嗅覚疲労　141
　　　(2) 事前接触と香りの嗜好変化　142
　　　(3) 接触頻度と香りの嗜好変化　144
　　　(4) 再認と嗜好の変化　144
　　　(5) 連続評定時の嗜好変化　148
　2　香りの単純接触効果のメカニズム　148
　3　嗜好が上がる香りと下がる香り　149
　　　(1) 嗜好が上がる香りの特徴　149
　　　(2) 接触による香りの印象の変化　152
　4　化粧品への応用　153
　5　今後の単純接触効果研究への期待　154

14章　味覚における単純接触効果

　1　味覚における単純接触効果実験：現象の確認　156
　　　(1) 第1段階：甘味の接触　156
　　　(2) 第2段階：甘味の評定　157
　2　味覚における単純接触効果実験：意識の観点から　159
　3　味覚における単純接触効果実験：長期持続性の観点から　161
　4　今後の展望　164

引用文献　167
索　引　188
おわりに　194

I

単純接触効果研究史

1章

1970年代

　単純接触効果現象がはじめて報告されてから，すでに100年以上になる。この歴史の中で，1980年にクンスト-ウィルソンとザイアンス（Kunst-Wilson & Zajonc, 1980）が報告した閾下単純接触効果研究は，単純接触効果研究のパラダイムを大きく変えたといっても過言ではないだろう。この1980年という年を境に，それ以前とそれ以後の単純接触効果研究は大きな変化を遂げる。1980年以前，特に1970年代に行われていた研究の多くは，実験社会心理学者によるものであった。一方1980年代以降の研究の多くは認知心理学者によるものである。そこでまず本章では，実験社会心理学の領域で行われた1970年代の単純接触効果研究を概観し，それまでの知見を整理する。

■■■ 1 ── 単純接触効果研究の夜明け ■■■

　楽曲を繰り返し聴いていると，その曲をはじめて聴いたときに比べ，楽曲への印象が好意的になるという経験をもっている人は少なくないのではないだろうか。毎日カタログで見ていた腕時計が欲しくなる，電車のつり広告で繰り返し見ていたツアー旅行に行きたくなる，毎夜テレビから流れてくるCMソングをつい口ずさんでしまうというように，繰り返しその対象に接していることで，人間の認知や行動に変化が生じてくることがある。

　このように，対象への単純な繰り返し接触がその対象に対する好意度を高める現象を，単純接触効果（mere exposure effect）という。後述するように，単純接触効果研究がさかんに行われるようになったのは，ザイアンス（Zajonc,

1968）以降であるが，類似の現象はすでに100年以上前から観察されている（Fechner, 1876; James, 1890; Maslow, 1937; Pepper, 1919）。特に音楽に対する熟知度（familiarity）と，その音楽への感情反応に関する研究への着手は早かった（Meyer, 1903; Moore & Gilliland, 1924; Washburn et al., 1927）。しかし方法論的に不適切なものが多く，実証研究の域に達しているものはほとんどなかった。

　第2次世界大戦後の社会心理学の研究には，集団間の偏見を解消するための心理学的手法として注目された社会的接触（social contact）や，他者の魅力の高低を規定する要因を明らかにすることを試みた対人魅力など，他者との接触と好意的態度との関係を明らかにすることを目的とした研究が数多くある。たとえばオールポート（Allport, 1954）は，相手に対する知識の欠如が偏見形成に関わっており，偏見の解消には接触が必要とする接触仮説（contact hypothesis）を論じている。またフェスティンガーら（Festinger et al., 1963）では，大学の学生宿舎における，新入生の親密化過程に関するフィールド実験が行われ，物理的に近接した相手（自分の部屋の隣室の大学生）を友人として選択するケースが最も多いことが示されている。

　接触仮説や物理的近接性は，社会的相互作用と他者への好意度との関係を問題にしていた。特にこれらの研究では，人との繰り返し接触が，相手への好意度を高めることを示しており，一見すると単純接触効果と類似した現象に思える。しかしながら，社会的相互作用に関するこれらの効果と，本書で扱う単純接触効果とには決定的な違いがある。単純接触効果は単純（mere）と称されるように，強化を伴わない（unreinforced）単なる接触によって，当該刺激に対して好意的反応を示すことである。接触仮説や物理的近接性効果にみられるバーバル（挨拶やその他の会話）・ノンバーバル（表情，アイコンタクトなど）なやりとりは，それ自身が当該対象に対する好意度を高めるための強化子としてはたらいていたと予想することは容易であり，単純接触効果を直接検証していたわけではない。

　単純接触効果を直接検証する試みがさかんになったのは1960年代も後半にさしかかってからのことである。単純接触効果研究の出発点をどこにするかについては，いくつかの議論があるが（三井, 1979; 生駒, 2005），実験的手法を

用いて，できるだけ厳密にその効果を測定しようとしたインパクトの大きさからいうならば，ザイアンス（Zajonc, 1968）の研究をその出発点とすることに異議を唱える者は多くないだろう。またザイアンス（Zajonc, 1968）の実験は，これ以降の単純接触効果研究の方法論の土台ともなっており，主に1970年代に実験社会心理学のフィールドで行われた研究を理解する上できわめて重要な研究である。

■■■ 2 ── ザイアンス（1968）の研究の概略 ■■■

ザイアンス（Zajonc, 1968）では，1つの相関研究と4つの実験研究が報告されている。

まず相関研究では，154の反意語ペア（able-unable, attentive-inattentive, better-worse, encourage-discourageなど）を100人の回答者に提示し，より好ましい意味をもつほうの単語を選択するように求めた。好ましいとされた単語の使用頻度と，好ましくないとされた単語の使用頻度を，L-count（Thorndike & Lorge, 1944）という既存の指標と照らしながら比較したところ，126ペアで，好ましいとされた単語の使用頻度が好ましくないとされた単語の使用頻度を上回っていた。さらにこの傾向はフランス語，ドイツ語，スペイン語でも確認されている。日頃から使用頻度の高い単語は，おのずとその単語への接触頻度が多いと考えられる。この研究からは，そうした接触頻度の多い単語がより好ましい単語であると判断される傾向があることが示されたことになる。

ザイアンスが報告した4つの実験研究のうち，残り3つは単純接触効果を実験的に検証するものだった。

第1実験では，7文字で構成された12個のトルコ語（IKTITAF, AFWORBU, SARICIK, BIWOJNIなど）を実験刺激として用いた。トルコ語を知らない実験参加者にとって，トルコ語の単語は無意味綴りと同じ性質の情報である。したがって各単語がもつ"意味"が実験に影響を及ぼす可能性を最小化できる。カードに記載されたトルコ語を1回あたり約2秒間提示し，実験者がトルコ語を発音したら，参加者はそれに続いてその単語の発音をするよう求められた。トルコ語の提示回数（0回，1回，2回，5回，10回，25回）が独立変数として

操作され，反復提示後に，参加者は単語に対する好ましさの評定を，良い－悪い（good-bad）の7ポイントスケールで求められた。実験の結果，反復提示回数の増加とともにトルコ語（無意味語）に対する好意度評価の上昇が示された。

実験1では，参加者はトルコ語の発音を求められていた。これは繰り返し単語を発音すると，その練習効果によって発音がしやすくなるという発音練習の影響が，単語に対する好意的な評価を生んだ可能性を示唆する。つまり，単なる（mere）接触が単純接触効果を引き出すのに十分な要件であるとして，単語を発音させたことは，刺激との単なる接触以上に，発音の難易度の要因が好意度に影響を与えていた可能性もある。そこで実験2では，発音の難易度に関わる要因を除去するために漢字を用いた。発音させる手続きを取り除いた以外の手続きは実験1と同様だった。その結果，漢字を使った実験でも反復提示による好意度増加が確認された。

実験3では，男性の顔写真を用いた実験を行っている。写真の男性がどれくらい好きか（like）とたずねた以外，手続きは実験2と同じだった。写真を使った実験でも単純接触効果が確認されている（図1-1）。

新奇な刺激に最初に接したとき，人はその刺激に対する恐れや不安を抱くものである。その刺激がネガティブな結果をもたらさなければ，恐れや不安などの覚醒状態は弱まり，刺激からの回避行動は減少するだろう。単純接触効果が生じる原因の1つとして，前述のような覚醒状態の弱まりがあるのではないかとザイアンスは考え，実験4では刺激の反復提示に伴う皮膚電気反射（GSR:

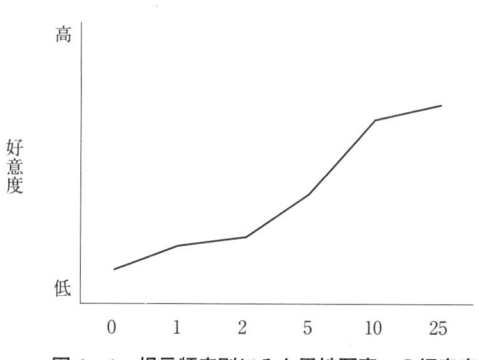

図1-1　提示頻度別にみた男性写真への好意度

galvanic skin response) の変化を測定した。実験の手続きは実験1と同じである。最終的に14名の実験参加者のGSRを分析したところ，提示される刺激（トルコ語）の回数が多くなればなるほど，GSR値が低下することが確認された。なお，実験4の知見は，後述する単純接触効果の説明モデル（1章4節）で触れる覚醒モデルと深く関わってくることになる。

　ザイアンス（Zajonc, 1968）以後，およそ20年の間，単純接触効果は実験社会心理学の領域でさかんに検証が行われた。その多くは，どのような条件で単純接触効果が出現するのかを明らかにすることを目的としていた。ザイアンスはトルコ語，漢字，顔写真を刺激として用いたが，その後の研究では，聴覚刺激，名前などの有意味語，図形，線画，実在の他者など，性質の異なるさまざまな刺激においても単純接触効果が観察されるかどうかの検証が行われた。刺激の繰り返し提示を独立変数，刺激に対する好意度評価を従属変数とする実験デザインが，単純接触効果研究の典型的な研究パラダイムである。実験のシンプルさも手伝ってか，単純接触効果に関連した研究はかなりの量になる。ボーンスタイン（Bornstein, 1989）によると，ザイアンス以後の20年ほどの間に130を超える論文と200以上の実験が報告されている。これらの研究では，主に(1)単純接触効果研究の方法論，(2)単純接触効果の説明モデルについて議論されている。

　そこで次節以降では方法論と説明モデルを概観する形で，単純接触効果の歴史を振り返ることにする。

■■■ 3 ── 単純接触効果の方法論の概観 ■■■

　単純接触効果研究には刺激変数，提示変数，測定変数という3つの方法論的変数が含まれている（Bornstein, 1989）。以下ではこの分類に従いながら，単純接触効果の方法論とそこで生じる効果の大きさとの関係を概観する。また本節後半では，実験参加者の属性やパーソナリティなど，個人差変数にも触れる。

(1) 刺激変数
　刺激変数として扱われるものには，刺激のタイプと刺激の複雑さとがある。

単純接触効果研究に使用された刺激のタイプには，無意味語，無意味綴り，有意味語，名前，漢字などの表意文字，写真，音刺激，絵画，線画，抽象画，図形，実際の他者などがある。また香り（13章），味（14章）の効果，視覚と触覚の異種モダリティ間効果（7章）も近年は検証の対象となっている。いずれの刺激タイプにおいても，概ね単純接触効果が確認されている。

　しかし，刺激の複雑さの程度と群内・群間デザインとの組み合わせによって効果に違いがみられる。たとえばバーライン（Berlyne, 1970）は，複雑な絵と単純な絵の反復提示実験を行ったところ複雑さの主効果がみられ，複雑な絵のほうが高い好意度が得られることを示した。オスカンプとスカルフォン（Oskamp & Scalpone, 1975）でも同様の結果が得られている。漢字（複雑な刺激）と筆跡（brushstroke：単純な刺激）を比較したセガートとジェリソン（Saegert & Jellison, 1970）の実験でも，複雑な刺激を好意的に評価するという複雑さの主効果が見出されている。ただしいずれの実験の場合も，参加者は反復提示最中，複雑な刺激，単純な刺激の両方が混在したものを提示され，その両方の刺激を評定するという，群内デザインを用いている。これに対し，ザイアンスら（Zajonc et al., 1972）は抽象画（複雑刺激）と抽象画の一部（単純刺激）の両方を参加者に反復提示するが，実験1では複雑な刺激だけを，実験2では単純な刺激だけを評定するという手続きをとった。その結果，単純な刺激では反復提示の効果がみられたが，複雑な刺激では反復提示の効果がみられなかった。このことから，評定の段階で単純な刺激と複雑な刺激を比較することが可能であると，単純な刺激に比べて複雑な刺激でより好意度が高まる可能性がある。

(2) 提示変数

　提示変数としては，提示回数，提示順序，提示の長さ，提示間隔などがある。

　提示回数の最大値は10〜30回の範囲をとる研究が多い。単純接触効果は，繰り返し接触すればするほど，刺激対象に対する好意度が高まるという効果ではあるが，この効果はそれほど提示回数の多くない段階で好意度が横ばい，あるいは減衰することも報告されている。たとえばスタングとオコーネル（Stang & O'Connell, 1974）では，10回の反復提示後に好意度の減衰が観察されてい

る。ザイアンスら（Zajonc et al., 1972）では10回以降の反復提示で好意度の横ばいが、またクランダールら（Crandall et al., 1973）でもある程度の提示回数後に好意度の横ばいが観察されている。刺激1回あたりの提示時間や提示間隔の影響も受けるようであるが（Crandall et al., 1973），提示回数と好意度に正の相関関係があることは確かである。1970年代はその関係が線形なのか非線形なのかについてさまざまな議論がされていたが，近年は提示回数と効果との関数を明らかにすることへの関心はやや薄れ，回数の多少はあれ，刺激を複数回提示することによって好意度が上昇するかどうかということに関心が限定されてきているようである。

　提示順序とは，1つの刺激を目標とする提示回数まで連続して繰り返し提示するのか，それとも複数の刺激を混在させながら，それぞれの刺激の目標回数まで繰り返し提示するのかに関する問題である。ハリソンとクランダール（Harrison & Crandall, 1972）は前者をhomogeneous法，後者をheterogeneous法と呼んでいる。単純接触効果全体を見渡すと，heterogeneousな刺激提示法を用いた研究が多い。どちらの提示方法が単純接触効果の効果サイズを大きくするかについて，メタ分析を用いて検討したボーンスタイン（Bornstein, 1989）は，heterogeneousな刺激提示方法のほうが効果サイズが大きくなると報告している。

　提示の長さとは，1回あたりに刺激を何秒間提示するかということである。たとえばハリソンとザイアンス（Harrison & Zajonc, 1970）は漢字刺激を反復提示する際，その提示時間を2秒にする場合と10秒にする場合とを設け，提示時間の効果を検証した。実験の結果，提示時間の主効果は確認されなかった。他の2つの研究（Marcus & Hakmiller, 1975；Vanbeseleare, 1983）でも提示時間の主効果は確認されていない。ただしいずれの研究も，比較に用いた提示時間は2秒以上であった。これに対しボーンスタイン（Bornstein, 1989）のメタ分析によると，1秒以下の提示時間を用いた実験で単純接触の効果が最も大きく，1秒を超えて長くなるとその効果が弱まってゆくことが報告されている。このメタ分析には1970年代後半から1980年代にかけて行われるようになった閾下単純接触効果研究も含まれている。閾下単純接触効果とは，主観的には刺激がみえておらず，そのため刺激を思い出すこともできないにもかかわらず，

当該刺激に対する好意度が上昇する効果である。閾下単純接触効果は，単純接触効果のメカニズムを説明した当時の代表的モデル（対立過程モデル，覚醒モデル，2要因モデルなど：詳細は1章4節参照）では十分に説明しきれないことから，単純接触効果研究の根本を覆す現象として注目された（詳細は2章1節参照）。

　1つの刺激を提示してから，次の刺激を提示するまでの提示間隔に言及している論文は実はそれほど多くない。したがって刺激の提示間隔があったのかなかったのか，あったとすると何秒くらいだったのか，それによる効果への影響があったのかを推し量ることは現段階では不可能に近い。この点については今後の課題といえるだろう。

(3) 測定変数

　好意度測定尺度のタイプ，刺激提示から感情測定までの間隔が測定変数の代表的な問題である。

　好意度を測定する尺度には，バリエーションがある。代表的なものには，好き (like)，良い (good)，心地よい (pleasant) などがあるが，研究によってはこのほかに興味がある (interesting)，有益な (beneficial)，魅力的な (attractive) などの尺度が用いられることもある。好き-嫌い (like-dislike) のような1つの尺度を用いる研究もあれば，複数の尺度を併用した研究もある。またこれらの尺度を両極の段階評定による評定尺度として用いることもあれば，好ましいと感じられた刺激を直接選択させ，その選択行動に関わる指標を好意度の指標とみなす場合もある。どの尺度タイプを用いるかは，研究で用いられる刺激や，実験のカバーストーリによって変わってくるので，尺度タイプの善し悪しを論じることはできない。ただしボーンスタイン (Bornstein, 1989) のメタ分析によると，好き-嫌い尺度を用いた研究で単純接触の効果が最もよく観察されている。

　刺激提示から感情測定までの遅延間隔を検証した研究の中で，遅延の効果がないとするもの (Stang et al., 1977；Zajonc et al., 1972；Vanbeseleare, 1983) と，遅延によってより好意度が上昇すると報告するもの (Stang, 1975；Seamon et al., 1983) はあるが，間隔が遅延するほど好意度が下降するという

結果を報告した研究はない。ボーンスタイン（Bornstein, 1989）のメタ分析でも，直後測定よりも遅延測定のほうが，効果が大きいことが報告されている。

(4) 個人差変数

発達差　1960～80年代前半に報告された研究を概観すると，単純接触効果に発達差があることを予測させるものが多いが，その方向性については，はっきりしていない。ボーンスタイン（Bornstein, 1989）のメタ分析によると，成人を対象とした実験では単純接触効果がみられるが，（12歳以下の）子どもを参加者とした実験では単純接触効果がみられなくなると報告されている。しかし1990年代以降の研究では，幼児だけでなく胎児においても単純接触の効果が認められることを報告するものがある（詳しくは生駒，2005，pp.116-117）。現段階ではまだ，低年齢者で単純接触効果が認められないと結論づけるのは早急であり，今後，実験技術の進歩により幼児・乳児でも単純接触効果が確認されるケースが増えてくる可能性がある。

パーソナリティ　クランダール（Crandall, 1968）は承認動機とあいまいさへの耐性の2つのパーソナリティ変数が単純接触効果に与える影響を検討した。彼ははじめに，子音・母音・子音の3文字で構成された2つ1組の無意味綴りを合計5組参加者に提示した。それに続いて，今度は各々の組のうち片方の綴りを先に提示し，参加者には対提示されたもう1つの綴りを報告するように教示した。クランダールらは先に提示された綴りを予測綴り，報告を求められた綴りを確認綴りとし，予測綴り提示－確認綴り回答の試行回数を組ごとに変えることで，単純接触の影響を調べている。実験の結果（実験1），承認動機の低い参加者群では，単純接触効果は認められなかったが，承認動機の高い参加者では，予測綴りに対して単純接触の効果が認められた。また実験2ではあいまいさへの耐性が高い参加者は予測綴りへの好意度が接触回数に応じて低下するのに対し，あいまいさへの耐性が低い参加者では，予測綴りへの好意度が接触回数に応じて上昇することが示された。

　ペーターソンとホーライ（Pheterson & Horai, 1976）では，刺激欲求（sensation seeking）の高い参加者ほど，魅力的な人物（写真）への単純接触効果がみられたが，刺激欲求が低い参加者ほど，逆に魅力的でない人物への単

純接触効果がみられたことが報告されている。一方，不安傾向と単純接触効果の関連を調べたシックら（Schick et al., 1972）の研究，創造性と単純接触効果の関連を調べたマーチンデール（Martindale, 1972）の研究などでは，パーソナリティと単純接触効果との間に有意な関連は認められていない。

パーソナリティ変数と単純接触効果の関連を検討した研究の数は，他の諸変数の検討に比べて圧倒的に少ない。このことは，単純接触効果との関連を予測できるパーソナリティ変数の絶対数そのものが少ないことを推測させる。しかしながら1990年以降，パーソナリティ変数と単純接触効果の関連を検討する研究が増えてきているという報告もある（詳細は生駒，2005，pp.121-122）。今後の研究動向に期待したい。

4 ── 単純接触効果の説明モデル

なぜ対象への単純な繰り返し接触が，その対象に対する好意度を高めるのか。この単純接触効果現象を説明するために数多くのモデルが提出されている（Grush, 1976 ; Harrison, 1977 ; Stang, 1974）。その中で代表的なのが対立過程モデル（opponent-process model），覚醒モデル（arousal model），2要因モデル（two factor model）である。

対立過程モデル（Solomon & Corbit, 1974）では，相対する2つの感情（不安－安心，快－不快）のいずれかを経験している間，もう片方の感情は抑制されていると仮定する。そして当該感情の生起因となっている刺激を取り除くと，抑制されていたもう一方の感情が，一種のリバウンドとして経験されるという。たとえばハンググライダーにはじめて乗るときには恐怖感情が喚起されるが，無事に着地すると安心感情が経験される。これを繰り返していると次第に恐怖感情は取り除かれ，快感情が強められてゆくというわけである。ハリソン（Harrison, 1977）はこのモデルを単純接触効果に応用し，未知の刺激にはじめて接した段階では負の感情反応が生じるが，繰り返しその刺激に接していると次第に負の感情は弱められ，対立する快な感情反応が強められてゆくと考えた。

覚醒モデル（Berlyne, 1966, 1971 ; Crandall, 1970）では，生体は適度な覚醒状態を好み，その状態を求めようとすると仮定する。適度な覚醒状態から

逸脱した状態では，生体は不快を経験する。このモデルによると，刺激提示の初期や，提示過剰な段階というのは，適度な覚醒状態から逸脱した状態であり，刺激に対する不快感情が生じるとされる。適度な提示回数は適度な覚醒状態を生み出すことから，その刺激に対する好意度が高まると説明される。

2要因モデル（Berlyne, 1970；Stang, 1973, 1974）は反復提示と好意度の逆U字関係を説明するモデルとしてよく取り上げられる。このモデルによると反復提示と好意度の逆U字関係には（a）刺激般化（stimulus habituation）と（b）刺激飽和（stimulus satiation）の2つの要因が関わっているとされる。刺激般化とは，刺激に繰り返し接することにより，その刺激への熟知度（familiarity）が増し，脅威が取り除かれることをいう。一方，刺激飽和とは過度の接触によって刺激に対する単調感や飽きが生じることをいう。このモデルによると提示の初期段階では刺激般化が起こるため刺激への好意度が高まるが，刺激の提示回数が極端に多くなると刺激飽和が起こり，当該刺激への好意度が減じることになる。また刺激の提示時間を長くしたり，同一刺激を繰り返し提示（homogeneousな刺激提示）すると，単純接触の効果が減じることは前述したが，これも刺激飽和が起こったからだと2要因モデルでは説明される。

これら3つのモデルには，いくつかの問題点が整理されている（Bornstein, 1989）。一般に同一刺激を連続提示するhomogeneous法よりも複数種の刺激を提示するheterogeneous法のほうが単純接触の効果が大きい。しかし対立過程モデルではこの現象を説明することはできない。また刺激の提示時間が短いほうが単純接触の効果は大きいが，対立過程モデルも覚醒モデルもこの現象を説明することはできない。さらに刺激提示と感情評定の間隔をあけたほうが単純接触の効果は大きくなるが，覚醒モデルではこの現象を説明することはできない。そして最も重要なことであるが，1980年にクンスト-ウィルソンとザイアンス（Kunst-Wilson & Zajonc, 1980）によってはじめて報告された"閾下"単純接触効果については，2要因モデルを含めたいずれのモデルにおいてもこの現象を十分に説明することはできない。

閾下単純接触効果は，単純接触効果への関心を社会心理学の領域から認知心理学の領域へ広げたきわめて重要な効果である。そこで本章では1970年代後半に報告され，クンスト-ウィルソンとザイアンス（Kunst-Wilson & Zajonc,

1980）の閾下単純接触効果研究に結びついた重要な2つの研究を最後に紹介しておく。

■■■ 5 ── 感情と認知の独立性 ■■■

一般に刺激に繰り返し接すれば，その刺激は符号化の機会が増え，その結果として記憶によくとどまると考えられる。であれば，刺激の記憶成績と感情評定の間には正の関連が予想されることになる。ところが，こうした仮説を覆す現象がモアランドとザイアンス（Moreland & Zajonc, 1979）によって報告された。

モアランドとザイアンス（Moreland & Zajonc, 1979：実験1）は，2人1組の実験参加者に10個の漢字刺激を5秒の間隔をあけて，繰り返し（0回，1回，3回，9回，27回）2秒間提示した。提示終了後，2人組のうちの1人には漢字刺激に対する好意度を7ポイントスケールで評定させ，もう1人の参加者には，再認評定を行わせた。分析の結果，繰り返し提示に用いた10個の漢字に対する好意度および再認成績は，提示回数に応じて上昇していた。そこでモアランドとザイアンスは，この2人組のデータを，まったく同じ実験に参加した対応のあるデータであるとみなし，一方の好意度評定ともう一方の再認評定との関連を検討した。その結果，再認評定が好意度に及ぼす有意な影響は観察されなかった。

モアランドとザイアンスは追試実験として，1人の実験参加者に好意度評定と再認評定の両方を行わせる実験も行っている（実験2）。ここでも繰り返し提示が好意度や再認成績を高めるが，再認成績が好意度に及ぼす有意な影響は観察されなかった。聴覚刺激を用いたウィルソン（Wilson, 1979：実験2）においても，繰り返し提示された音刺激の好意度は上昇したが，その刺激の再認成績は繰り返し提示の影響を受けていないことが示され，ここでも好意度と再認成績とが独立していることが示された。

このように，感情（好意度）と認知（記憶）とが独立しているという知見が単純接触効果研究の中で報告され始めたことをきっかけに，この効果に対する関心の領域は社会心理学から認知心理学へと移ってゆく。そしてその流れを決

定づけたのはクンスト-ウィルソンとザイアンス（Kunst-Wilson & Zajonc, 1980）による閾下単純接触効果実験だろう。認知心理学に研究領域を移した，単純接触効果研究の新たな幕開けについての詳細は2章以降に譲ることにする。

2章

1980年代以降

　本章では，1980年代以降の研究動向を概観する。単純接触効果の研究史におけるこの時期の特徴は，実験社会心理学の中で興味をもたれる心理現象の1つというレベルをはるかに超えて心理学の広い範囲に関わる研究テーマへと拡大していったことである。一世を風靡した感情認知論争には，単純接触効果の知見が大きく寄与した。また，その影響もあり認知心理学的な視点や関心からの研究が増加した。類推的問題解決の研究で知られるホリオーク，ソースモニタリング研究を牽引したジョンソン，再認の2過程モデルを提唱したマンドラーといった有力な認知心理学者まで参入した（Gordon & Holyoak, 1983 ; Johnson et al., 1985 ; Mandler et al., 1987）。新しい理論も提出され，またさまざまな研究領域においてこの概念や現象が活用されるようになった。日本においても，1990年代中頃から研究数が増加しており，そこで国内の動向についても最後に触れる。

■■■ 1 ── 感情認知論争 ■■■

（1）閾下単純接触効果

　閾下単純接触効果（subliminal mere exposure effect）の発見が，新しい時代の幕を開けた。発見者は，クンスト-ウィルソンとザイアンス（Kunst-Wilson & Zajonc, 1980）である。わずか1ミリ秒の提示を5回繰り返したランダム多角形が，未提示のものと対にしてどちらが好きかを選択させるとチャンスレベルを上回る確率で選ばれ，しかしどちらを前に見たか選択させるとあくまでチ

ャンスレベルにとどまった。主観的には見えておらず，当然思い出せもしないにもかかわらず，単純接触効果は得られるのである。

　この研究が心理学に与えた影響は，以下のとおりである。まず1つ目は，単純接触効果の研究に認知心理学者が参入するきっかけをつくったことである。ここで用いられたランダム図形や二肢強制選択課題は，1970年代までの単純接触効果研究でよく用いられた人物の写真やトルコ語単語といった材料，評定尺度法による測定に比べれば，当時の認知心理学者にとっては抵抗なく使えるものであっただろう。そのため1980年代以降にはそういった材料と手続きによる研究が続々と現れた。ただし，その陰で生態学的妥当性はある程度犠牲になってしまっていることも忘れないようにしたい。影響の2つ目は，閾下提示を心理学実験のツールとして復活させたことである。ニュールック心理学の時代には流行したものの，その後は精神分析的な立場に立つ臨床心理学者の一部が使い続けていた程度であったこの手法は，この論文およびバージとピエトロモナコ（Bargh & Pietromonaco, 1982）以降に再び広く用いられるようになった。そして3つ目が，次項で述べる感情認知論争を開いたことである。

(2) 感情が先か，認知が先か

　閾下単純接触効果の知見を重要な根拠の1つとして持ち出し，ザイアンス（Zajonc, 1980）は認知と感情とが本質的に独立（認知−感情独立説）であり，かつ感情は認知に先行する（感情先行説）とする挑戦的な仮説を提唱した。これは賛否両論を巻き起こし，論争が広がった。この論争は後に，感情認知論争，あるいはザイアンスとそこに真っ向から反論したリチャード・ラザルス（マルチモーダル行動療法の提唱者アーノルド・ラザルスとは別人）との名をとってザイアンス−ラザルス論争と呼ばれることとなる。

　この論争の背景および概要については加藤（1998）などが整理しているので，ここでは閾下単純接触効果に関する部分について簡単に触れておく。ザイアンスにいわせれば，閾下提示された図形が意識的に想起不可能であるのであれば認知は得られていないと考えられ，にもかかわらず単純接触効果が生ずるということから，感情は認知とは独立に，認知なしに生起しうるのだということになる。一方，ラザルスの主張に基づくなら，認知は快や危険を査定する原始的

な過程を含むものであり，一方で単純接触効果の形で得られるような選好（preference）を感情とみなすことには疑問があり，すると閾下単純接触効果といえども感情先行説の根拠とするには不十分ということになろう。そして，マンドラーら（Mandler et al., 1987）が図形の明るさ／暗さの判断でも以前に閾下提示されたものが選択されやすいという知見を提出し，再認できない事態であっても認知的判断もまた可能であることを示した。さらに，ボーンスタインとダゴスティーノ（Bornstein & D'Agostino, 1992, 1994）は，知覚的流暢性誤帰属説（3章参照）という潜在的認知過程を組み込んだ単純接触効果のモデルを提示した。

この後にザイアンスらは，閾下単純接触効果に替えて閾下感情プライミング効果（Murphy & Zajonc, 1993）を持ち出し論争を継続した。これは，笑顔や怒り顔といった感情的な刺激をプライムとして閾下提示することでその直後に閾上提示される中性的な刺激への評定がプライムの感情価の方向へ引きずられるという現象である。同様の手続きにおいて認知的なプライムが認知的な評定に影響をすることはなく，感情先行説を支持するものとされた。しかし，これにも難点が大きく2つある。1つは，坂元（1999）も注意を促しているように，実験刺激の統制に不足がある点である。そしてもう1つは，心理学史上まれにみる再現性の低さである。これまでに多くの研究者が閾下感情プライミング効果を取り上げてきたが，得られた結果はきわめて多彩である。得られなかったり（小松，1997；小川，1998），脳画像の一部で違いがあったが行動指標ではまったく得られなかったり（Nomura et al., 2004；野村ら，2002；大平・志邑，2004），笑顔では出ず怒り顔でのみ効果があったり（大平，1996），笑顔と怒り顔あるいは恐れ顔とが同じ方向に影響したり（神尾ら，2004；齊藤ら，2002），感情価の効果が正反対に出たり（中村，2004；Underwood，1994），生起の有無がいじめ被害経験（小田部・加藤，2007）や民族（李・加藤，2003）といった個人差要因に規定されたりという具合である。

結局のところ，感情認知論争の本質は論争当事者の間で「感情」や「認知」の定義がそもそもずれているところにあるというのが今日では通説である。ただしそれゆえに「問題はある程度解決したように思われる」（野村，2007）とみるか，「決着はつきにくいだろう」（谷口，2005；谷口・川口，2002）とみる

かはなお意見が分かれている。

2──理論的発展

認知心理学者の参入などにより，単純接触効果の研究は風向きの変化を受けつつ大きく進展した。ここでは，主要な理論として位置づけられることの多い感情先行説・非特異的活性化説・知覚的流暢性誤帰属説の3つを取り上げて，その歴史的展開を中心に述べる。

(1) 感情先行説

感情先行説によれば，感情は認知なくしても生起するものであり，認知よりも先行性（primacy）があるとされる。単純接触効果は閾下提示によって再認不可能な条件下でも起こるが，感情のほうが先行性があるためこのようなことが起こりうると考える。

シーモンら（Seamon et al., 1998）のように，特に閾下単純接触効果を論じる際には感情先行説を非特異的活性化説や知覚的流暢性誤帰属説と並ぶ位置において比較することも少なくない。そのためここでも取り上げたが，本来は位置づけが後2者とは大きく異なる。単純接触効果の研究を主要な根拠の1つとして作られた，人間の感情と認知との関係をとらえる大きな仮説が感情先行説なのであり，単純接触効果を説明することを主目的としてはいないし，それをしてしまうと循環論的にもなってしまう。実際，感情先行説はあまりに壮大であることもあって，どんな実験操作や個人差変数が単純接触効果にどう影響するかを具体的に予測することには向いていない。

(2) 非特異的活性化説

マンドラーら（Mandler et al., 1987）は，閾下提示されたランダム図形が好みのみならず明るさや暗さの判断においてもより選択されやすくなることを示し，これらの結果は，刺激表象が閾下提示により活性化し，それがどんな判断を求める課題にも非特異的（nonspecific）に作用し，活性化している刺激が選ばれやすくなるためであると主張した。

前述のように,この発見は閾下単純接触効果が感情先行説の根拠とはならないことを意味しているとはいえるが,認知先行説の正当性を直接に示すものとはいえない。また,非特異的活性化説は多肢強制選択事態での現象を説明する上では優れているが,単純接触効果の実験手続きではより一般的である評定課題によるものに拡張することには注意が必要だろう。そして,そもそもこの仮説の最も重要な根拠である効果の非特異性については疑わしい部分がある。マンドラーら(Mandler et al., 1987)自身のデータにおいても,「好き」判断には閾下単純接触効果が生じるが「嫌い」判断では生じていない。その追試を行ったシーモンら(Seamon et al., 1998)は,「嫌い」判断を求めると提示刺激はむしろ選択されにくくなり,また,明るさ・暗さ判断の双方において,提示の影響はどちらの方向にも認められないという結果を得て,非特定的活性化説を疑問視している。最近では,ノードハイム(Nordhielm, 2002)が広告画像の閾上提示において広告の広さ／狭さ判断に対する非特定的活性化の影響を見出したといってはいるが,両判断を分けての分析は報告されておらず,非特異的な作用であったかどうか不明である。

(3) 知覚的流暢性誤帰属説

知覚的流暢性誤帰属説は,反復接触した対象は知覚するときにより流暢に処理され,この流暢性が対象の印象や評価に誤帰属されることで単純接触効果が起こると考える。この理論の評価については3章で詳しく取り上げるので,ここではこの理論の成立に関わる背景を述べておく。

知覚的流暢性(perceptual fluency)は,ある対象を知覚したときにその知覚処理がどれだけ流暢になされるかを表す概念であり,ジャコビらによって記憶研究の立場から導入された。ジャコビとケリー(Jacoby & Kelley, 1987)が指摘しているように,知覚的流暢性はその対象自体の性質だけでなく知覚者側の過去経験によっても変わるが,後者が前者に対して誤って帰属されてしまうことがあり,これは知覚的流暢性誤帰属,あるいは記憶誤帰属と呼ばれている。なお,こういった無意識的な記憶のはたらきは潜在記憶(implicit memory)と呼ばれ,1980年代中頃から記憶研究における大きなトピックとなっていた。シャクター(Schacter, 1987)は,単純接触効果の新しい知見に注目し,これ

を潜在記憶としての性質をもつ現象の中に含めた。

ボーンスタイン（Bornstein, 1989）のメタ分析（1章参照）は，その後の単純接触効果の研究に大きな影響を与えた。知覚的流暢性誤帰属説もまた，これに強い示唆を受けていると考えられる。メタ分析の結果から，閾下で提示したほうが，反復回数は多すぎないほうが，提示直後にすぐ評定させないほうが，それぞれ単純接触効果が強く得られることが示唆された。これらからは，顕在記憶がはたらきにくい条件で単純接触効果がより強く生じるという共変関係が読み取れる。よく見覚えがある，見慣れているとむしろ得られにくいということが，そういった意識経験を単純接触効果の生起因とする1970年代までの諸説へのさらなる反証となると同時に，顕在記憶によって抑制されるような過程が関与しているのではないかと考えさせる要因となった。

同時期に記憶研究において脚光を浴びていたのが，誤有名性効果（false fame effect）であった。これは，以前に接触していることによって無名な人名を誤って有名な人名と判断してしまうというものである。このような現象自体はニーリィとペイン（Neely & Payne, 1983）によって発見されていたが，ジャコビら（Jacoby, Kelley, Brown, & Jasechko, 1989 ; Jacoby, Woloshyn, & Kelley, 1989）がこれを知覚的流暢性の誤帰属ととらえて興味深い知見を提出したことで有名になった。この効果はまた，顕在記憶による抑制を受けることが明らかにされていた。そこで，ジャコビらの考え方が単純接触効果へと当てはめられ，知覚的流暢性誤帰属説が誕生することとなった。

(4) その他の諸説

以上の他にも，さまざまな視点が提案されてきた。ボーンスタインら（Bornstein et al., 1987）は，精神力動論的な説明を試みている。シーモンら（Seamon et al., 1983）はデジャヴ現象との類似性に着目し，ボナーノとスティリングス（Bonnano & Stillings, 1986）や宮本（2001），山下（2001）は熟知感や既知感と関連づけている。ヤニシェフスキとメイヴィス（Janiszewski & Meyvis, 2001）は，馴化と鋭敏化とを組み合わせる二元過程モデル（Groves & Thompson, 1970）を当てはめた。

単純接触効果を直接論じてはいないが，関連があると考えられるものもあげ

ておく。古川（1991）は，つい広告で目にした会社の製品を買ったりポスターで目にした候補者名を投票所で書いてしまうことなどを反響動作（echopraxia）としてとらえている。下條ら（Shimojo et al., 2003）は，対象に目を向ける活動には好意を増大させる効果があるとしている。この主張は，PTSDなどトラウマに起因する障害への著効性で注目されている心理療法であるEMDR（Shapiro, 2002）が，眼球運動によってネガティブな記憶の不快度を下げたり自己受容的な認知を強めたりすることを思わせる点においても興味深い。

3──今後の展望

　本書の構成が示すとおり，単純接触効果の研究はさまざまな方向に広がっている。最近では，単純接触効果を宗教現象の説明に用いようとする提案さえ出されている（松島，2004）。そのため今後のことを考え始めるときりがないが，ここでは「内向き」と「外向き」との方向性を1つずつ述べる。

　生駒（2005）は，単純接触効果の研究でさらなる検討が望まれるものの1つに脳研究をあげている。近年の動向としては，緒方（2007）が無意味図形の単純接触効果に関わる脳活動をfMRIによって測定し，右脳の下前頭前野および島皮質の関与を示唆する結果を得ている。また，映像中での飲料パッケージの閾下提示が飲料選択行動に影響することを示した亀井と杉本（2003）は，脳波トポグラフィから右前側頭の活性と閾下提示の影響との関連を認めている。単純接触効果は，社会認知神経科学（social cognitive neuroscience）はもちろん，選択や価値判断に関わることからは神経経済学（neuroeconomics），美的印象や感性評価に関わることからは神経美学（neuroesthetics）といった新興領域へも有意義な示唆を提供できる現象であり，知見のさらなる蓄積が期待される。

　外の広大な世界へ目を向けるのもまた興味深いだろう。特に，ネット社会でのコミュニケーションにおける単純接触効果は，まだ手つかずのテーマである。山田ら（2003）はメーリングリストにおける対人関係を説明する上で単純接触効果に言及し，山崎（2007）は社内SNSの効力を論ずる中で，単純接触効果が有効にはたらくことに触れている。これからはたとえば，そういったネット上での単純接触効果の特徴の解明や，単純接触効果を生かせるようなオンライ

4──本邦における動向

　最後に，日本の研究者による単純接触効果研究の動向について簡単に触れておく。

　1980年代までは国内での研究はあまりされてこなかった。三井は感情認知論争前夜までの動向をレビュー論文（三井，1979）にまとめたが，自身がその研究に力を入れていたわけではなく，社会心理学のさまざまなテーマに関して次々とレビューをまとめていった中の1本で単純接触効果を対象にしたというものである。このころの実証研究としては，猪俣（1982, 1983）や長田ら（1988）の追試的な検討，類似人物への般化を扱った森永と松村（1987）などがある。

　1990年代に入り，長田ら（1992）が衣服の単純接触効果について検討を開始した。この研究は今日まで続いており，多くの知見が積み上げられている（12章参照）。もっぱら工学系の学会において報告を続けたこともあり心理学領域への影響は大きくなかったが，日本におけるはじめてのオリジナリティと継続性のある単純接触効果研究として歴史的な意義をもつものである。そして，1990年代中頃から関わる研究者が増え始めた。特に坂元桂は，吉田秀雄記念事業財団平成8年度研究助成や日本社会心理学会平成9年度若手研究者奨励金，科学研究費補助金特別研究員奨励費（1999-2001年）を受けるなどして活躍した。廣岡（1994）や佐藤ら（1998）は，反復提示操作前の初期状態の影響に関心を向けた。下條は，オウム真理教事件やTBSサブリミナル問題が起きた翌年に上梓され今なお売れ続けている『サブリミナル・マインド』（下條，1996）で単純接触効果にも言及し，また実証的研究にも関わった（石田ら，1996）。これにやや遅れて出版された『サブリミナル効果の科学』（坂元ら，1999）も，単純接触効果や類似の現象を取り上げている。

　2000年代に入り，さらに多くの研究者が，それぞれの関心をもって参入してきた。本書で取り上げるものでは概念形成（4章参照），潜在学習（5章参照），文化心理学（8章参照），味（14章参照）などに関するものがあり，また菅ら

(2001) の神経心理学的アプローチ，山田ら（山田，2001；山田・岸本，2002）の進化心理学的な視点を含む議論，原ら（原・寺澤，2000，2001；梶上ら，2002）による長期遅延の影響の検討などが，世紀をまたぐころに続々と現れた。その勢いは衰えず，2005年につくばで開催された6th Tsukuba International Conference on Memoryでは単純接触効果に関するポスター発表が4件並び存在感を示し，同年の日本認知心理学会第3回大会では鈴木美穂がマルチモーダル単純接触効果の研究（7章参照）で優秀発表賞（新規性評価部門）を受賞した。これに前後して脇坂（2003）や栗川と重野（2005）もマルチモーダルな観点からの検討を行っている。生駒（2005）は，国内では三井（1979）以来4半世紀ぶりとなる単純接触効果のレビュー論文を公刊した。最近では，21世紀COEプログラム「こころを解明する感性科学の推進」のグループ研究（八木ら，2006）が多角的な検討を行い，上田ら（2007）はメロディでの長期持続性を示している。世間では，資生堂による香りの単純接触効果のニュースレリースが話題を呼んだ。2006年の日本心理学会第70回大会では単純接触効果だけで6本の話題提供という前例のないワークショップ「単純接触効果研究の最前線」（企画：生駒忍・松田憲）が大盛況となり，翌年の第71回大会ではその第2弾も開催された。

II

単純接触効果の
メカニズム

3章

知覚的流暢性誤帰属説

本章では，単純接触効果を説明するモデルとして今日最も評価されている知覚的流暢性誤帰属説について，その基本的な考え方および特長，主要な論点と発展可能性を論じる。なお，成立に至る背景については前章を参照されたい。

■■■ 1 ── 考え方と特長 ■■■

知覚的流暢性誤帰属説の基本的な考え方は，以下のとおりである。

ある対象への反復接触によって，その対象を知覚するときにより流暢に処理がなされるようになる。この流暢性の起源は反復接触にあるのだが，しかしそれが誤って対象の印象や対象への好意，好みへと帰属される。すると，その流暢性が帰属されたぶん，その対象によりよい印象や好意を感じるようになる。

この理論には以下のような特長があり，それが今日まで高い評価を保っている理由でもある。

まず，心理学の中ですでに広く受け入れられている概念から構成されている点をあげることができる。知覚的流暢性はジャコビとダラス（Jacoby & Dallas, 1981）によって導入されプライミングないしは潜在記憶の研究で取り上げられており，誤帰属は情動二要因理論（Schacter & Singer, 1962）以来感情研究や実験社会心理学においてその有用性が広く認められている。ザイアンス（Zajonc, 1980）が「プリファレンダ」などの独自かつあいまいな構成概念を創案して単純接触効果に説明を与えたことに比べ，科学論的にみても適切であ

る。未知の概念を新しく仮定しないという点で節約的であり（オッカムの剃刀 "*Pluralitas non est ponenda sine neccesitate*"），また心理学においてこれまでに積み重ねられてきた理論やデータとの対応が明確であり，それゆえに検証可能性が開かれているからである。

そして，実際に関連領域でのさまざまな知見とも整合することが示されている。知覚的流暢性を単純接触効果の起源とすることは，単純接触効果の潜在記憶性（生駒，2005）と合致する。知覚的流暢性がポジティブな評価と正の関連をもつことは，反復接触以外の操作による研究でも支持されており，形状の対称性や提示時のコントラストなどによる知覚的流暢性の操作が評価と関連することを示す多くの知見がある（Reber et al., 2004；Winkielman et al., 2002）。

反復提示がもたらす現象としては，単純接触効果以外にも誤有名性効果（Jacoby, Kelley, Brown, & Jasechko, 1989；Jacoby, Woloshyn, & Kelley, 1989）や真実性効果（Hasher et al., 1977）などのような認知的判断に対する影響も知られているが，知覚的流暢性誤帰属説はこれらも説明することができる（誤有名性効果での考え方に起源をもっているので，誤有名性効果に当てはまるのは当然ではあるが）。感情先行説（2章参照）では，これらの認知的効果を説明することができない。

個々の刺激レベルの接触経験でなく，一群の刺激による概念形成（4章参照）や潜在学習（5章参照）の手続きの下で得られる単純接触効果も，知覚的流暢性誤帰属説に基づき理解することができる。学習されたプロトタイプや文法規則などが知覚時の処理を促進し流暢にし，それが好印象へと誤って帰属されるために起こると考えればよい。

■■■ 2 ── 論　点 ■■■

(1)「知覚的」か

知覚的流暢性誤帰属説に対して，この「知覚的」という部分に引っかかってしまう認知心理学者を時々見かける。本当に「知覚的」なのかというのであるが，この議論はもっともなようで少々やっかいである。どの過程での「知覚的」なのかをはっきりさせないと混乱しかねないからである。

II──単純接触効果のメカニズム

　単純接触効果の一般的な実験手続きは，実験刺激への反復接触をする段階と，それらや未提示の刺激に対して好意度などの評定を行う段階とからなる。接触段階で刺激が知覚的な形で入力されているか，それが知覚的な性質の記憶成分を形成しているか，といった関心は，それぞれ興味深いものではあるものの，知覚的流暢性誤帰属説の「知覚的」を問うものにはなっていない。この理論でいう「知覚的」は，評定段階での知覚について指しており，以前に接触していることでこの段階でより流暢に知覚されるという意味での「知覚的」であるからである。たとえば，学習時に生成させた視覚イメージの方向に単純接触効果が得られる（Craver-Lemley & Bornstein, 2006）ことが知られているが，そのイメージの表象が評定段階での知覚を流暢にしていると考えられるので，知覚的流暢性誤帰属説になんら矛盾しない。概念形成や潜在学習による単純接触効果であっても，獲得されたプロトタイプや文法規則がそれに合致する刺激の知覚を流暢にしているのならば，やはり知覚的流暢性誤帰属説の範囲内に収まる。もし，視覚提示された文法に沿う文字列が，知覚レベルよりも高次の過程に属するもの，たとえば音韻的なイメージや意味的な連想といった処理においてより流暢になって単純接触効果に関わっているなら，知覚的流暢性誤帰属説の「知覚的」という部分への問題提起となりうる。知覚的流暢性ではない流暢性の誤帰属によっても単純接触効果が生じるという形に理論を拡張し，概念的流暢性（Lee & Labroo, 2004）のようなものを考えることになるだろう。ただし，そういった高次過程での流暢性が知覚レベルの流暢性をもとにして生じているのなら，知覚的流暢性によって起こるというとらえ方の範囲内に収まるともいえる。

　なお，前述の議論は認知心理学における「知覚」の定義に基づいてのものである。そこでの「知覚」は，他の領域，たとえば単純接触効果を伝統的に扱ってきた社会心理学からみると，かなり狭義のものである。「知覚」の指す範囲は，「対人知覚」「統制の知覚」「知覚されたソーシャル・サポート」のような使われ方からもわかるように，他領域においてはより高次の内的過程まで包含することがある。そういう視点からみるならば，「知覚的」がどうかという論点がそもそも立ちにくいかもしれない。

(2) どんな判断にも帰属されるか

　知覚的流暢性誤帰属説は，単純接触効果だけでなく反復接触によって生起するさまざまな効果を統一的に説明できる。いずれも，接触に起因する知覚的流暢性がそれぞれの課題で判断を求められている側面へと誤帰属されることで起こると考えると理解できる。ボーンスタインとダゴスティーノ（Bornstein & D'Agostino, 1994）によれば，その文脈で求められているどんな評定にもそれが起こりうるという。しかし，知覚的流暢性はそこまで何にでも分け隔てなく，ないしは無節操に，帰属されるのだろうか。

　ここではまず，こういった記憶誤帰属を，知覚的なレベルの判断において起こるものと，それよりは高次と考えられる認知的あるいは感性的な判断においてのものとに区別した上で考えていく。まず前者であるが，実はこれらには誤帰属という過程を考える必要性はそう高くはない。なぜなら，知覚的流暢性が高いこと自体がこのような場合の知覚経験に直接に影響（混入）すると考えられるからである。過去に接触しているほうが，映像はより鮮明に見え（Amir et al., 2003），リズムパターンは大きな音で聞こえる（Goto, 2001）。これらは，知覚的流暢性が高まったことそのものの現れと理解できる。反復接触することにより瞬間提示時の認知閾が下がる古典的知見（永野ら，1956；Solomon & Postman, 1952）のような，誤帰属の過程を挟んで説明するには無理のある現象に近いともいえる。そしてこれらの場合，効果が現れる方向は自明である。知覚的流暢性が高まることで映像が見にくくなったりリズムが聞こえにくくなったりするはずはない。

　認知的あるいは感性的な判断における誤帰属はどうか。こちらもさまざまなものがあるが，古くから知られている現象としては単純接触効果の他に真実性効果，誤有名性効果などが有名であろう。また，接触経験があることでランダム多角形に熟知感が（Bonanno & Stillings, 1986），メロディにまとまり感が（生駒，2006），リズムパターンに親近感が（後藤，2002）生じる。実験室色のより弱いものではたとえば，人物は自分に似ているように感じ（Moreland & Beach, 1992），体操競技はより高く評価され（Ste-Marie & Lee, 1991），洗剤は洗濯に適しているようにみえる（Cuperfain & Clarke, 1985）。これらの場合には，知覚的流暢性そのものが判断内容に混入すると考えるのは不自然であり，

II──単純接触効果のメカニズム

誤帰属の過程を仮定する必要がある。

では,これらの誤帰属現象であればどんな方向にでも帰属させることができるのだろうか。これについては,3つの立場が存在する。まず第1の立場は,文脈次第でどのようにも帰属できると考えるもので,ボーンスタインとダゴスティーノ(Bornstein & D'Agostino, 1994)自身の主張がそうである。知覚的流暢性自体はニュートラルな性質をもっているという前提がある。第2の立場は,知覚的流暢性はポジティブな感情価を帯びているとする,ウィンキールマンら(Reber et al., 2004;Winkielman & Cacioppo, 2001;Winkielman et al., 2002)などの考え方である。誤帰属はそのためにポジティブな方向へはたらく。正しい文のほうが誤った文よりも,人物は自分に似ているほうが,洗剤は洗濯に適しているほうがポジティブであるといえ,その方向に流暢性の効果が現れる。このような方向性の定まり方は,知覚的なレベルの判断における誤帰属に似ている。第3の立場は,誤帰属の方向は個々人のもつ素朴理論やメタ認知により決定づけられるとする。よって基本的には定まっているともいえるが,そこに介入すれば方向を変えることもできるという予測も成立する。流暢性の効果にそれが可能かどうかには悲観的な見方もあった(Huber, 2004)が,最近,ウンケルバッハ(Unkelbach, 2007)は流暢性と真実性との間に負の関係を学習させることで真実性効果を反転させることができたと報告しており,興味深い。

これまでに知られている効果は,ほぼいずれもポジティブと思われる方向に現れている。また,どちらが好きかを判断させれば以前に接触したほうが選択されやすいが,どちらが嫌いかを判断させると接触の影響が現れない(Mandler et al., 1987),あるいは接触していないほうがより選ばれる(Seamon et al., 1998)ことも知られている。これらは,第1の立場とは相容れない。第2の立場であれば,シーモンら(Seamon et al., 1998)の結果は説明できる。なお,嫌い判断は好き判断とは質が異なりより制御的な過程である(Herr & Page, 2004)ために,嫌い判断では誤帰属のような自動性の強い過程がはたらきにくいとも考えられ,この視点をとるとマンドラーら(Mandler et al., 1987)のほうの結果の説明がうまくいく。先行研究の知見が一貫していないためすべてを説明するのは難しく,ここは深入りし過ぎないほうが無難かも

しれない。

　基本的にはポジティブな方向に帰属されると考えてよさそうだが，しかし得られるもののすべてが知覚的流暢性からの直接の誤帰属かどうかは議論の余地があるだろう。まずある評価が知覚的流暢性誤帰属により得られ，それが別の評価へと影響する（さらに誤帰属される）ということも起こりうる。たとえば，ノイズをかぶせられた音声であっても，その音声に以前に接触しているとノイズがより少ないと判断されるという誤帰属現象があるが（原田，1999参照），これはまずその音声が知覚的流暢性により明瞭に聞こえるという知覚レベルの評価における誤帰属が生じ，その明瞭性がノイズの少なさに誤帰属されるという2段階からなると考えられる。ランダーとメトカーフ（Lander & Metcalfe, 2007）は，ポジティブな表情ほど高い有名性を感じさせることを示しており，そこから類推すると，誤有名性効果は知覚的流暢性誤帰属によってまずポジティブな感情的印象が生じ，それが有名性へと影響して得られているとも考えられる。また，ボナーノとスティリングス（Bonnano & Stillings, 1986）は閾下提示がランダム多角形の好意度，熟知感の双方に影響することを示し，好意度の増大は熟知感に媒介されていると考えた。一方，マーフィーら（Murphy et al., 1995）は同じデータを，好意度が熟知感に影響すると解釈した。モナン（Monin, 2003）の主張と整合することからは，後者のほうがより妥当なようではある。このような問題に対しては，何が何に影響するのかを理論的に考察し仮説モデルを構築した上で，まとまったデータを収集して共分散構造分析により検証するというアプローチで取り組むことも望まれる。

(3) 単純接触効果を抑制することは可能か

　何か月も遅延をおいても，健忘症者でも統合失調症者でも，大学新聞で見かけただけでも，閾下で提示されても，単純接触効果は起こる。そのためか，単純接触効果を起こらなくするにはどうしたらよいかと聞かれることがある。どこかでこっそりとサブリミナル広告が使われていても自衛できるような方法を求めているのかもしれない。退屈傾向を高める（Bornstein et al., 1990, 実験1），ブロック状の刺激なら接触時間を短くする（Seamon et al., 1995, 実験1）ということはいえるものの，現実的でないしおそらく期待に応えるものではない。

II──単純接触効果のメカニズム

　知覚的流暢性誤帰属説からは，単純接触効果を抑える方法もまた導かれる。知覚的流暢性の向上が単純接触効果をもたらすのだから，その逆も考えることができる。その刺激を情報処理が抑制されて流暢でない状態にすればよい。

　最近，フェリングら（Veling et al., 2007）は文字検出課題でディストラクタとして提示した刺激の評価がよりネガティブになることを示した。実験参加者は課題遂行において無視すべきディストラクタを認知的に抑制するため，接触はしているもののその流暢性はむしろ低減されており，それが誤帰属に影響していると考えられる。より正確に言うなら，刺激自体がある程度の知覚的流暢性をもともともっていて，それが誤帰属される分も刺激自体のニュートラルな状態での評価を構成しているが，その流暢性を下げてしまうことで誤帰属される分が減り，そのため何もしないよりも評価が低くなるということになるだろう。

　類似の知見は，フェンスクらの一連の研究（Fenske & Raymond, 2006参照）でも得られており，提示時に抑制処理を受けた刺激は接触により評価が上がるどころか逆に統制刺激よりもネガティブな評価を受けることが示されている。ただし，フェンスクらはプレビュー・サーチ（preview search）などの視知覚研究の実験パラダイムを用いていることもあり，試行ごとに抑制と評定との双方を行わせている。これは接触セッションで一通りの提示を受けてから評定セッションに移る一般的な単純接触効果の手続きとは異なる。またそのため，最初のほうの試行を除けば実験参加者は直後に評定を求められることを知った状態で課題を遂行しており，要求特性の問題が入ってしまいかねない。

　神原（1999）は，もぐらたたき風のゲームにおいてディストラクタとして繰り返し提示される刺激への単純接触効果を検討したが，結果は明瞭なものではなかった。これについて神原（1999）は教示や手続きの問題をあげて解釈しているが，それ以外の可能性として，ターゲット探索時にそれ以外の刺激への抑制処理が起こることでフェリングら（Veling et al., 2007）が得たような現象が発生し，単純接触効果とぶつかったことも考えられるだろう。

　ところで，単純接触効果を抑制する方法として知覚的流暢性誤帰属説からより自然に導かれるはずなのは，接触エピソードの顕在記憶をはたらかせることで知覚的流暢性の正しい起源をわからせ誤帰属を防ぐことであろう。しかし実

際には，これは期待できない。生駒（2005）が多くの知見を整理して示しているように，単純接触効果は顕在記憶から独立した潜在記憶現象である。よって，顕在記憶によっては促進も抑制もされない。

閾下提示のほうが閾上提示よりも大きい単純接触効果をもたらすというボーンスタインとダゴスティーノ（Bornstein & D'Agostino, 1992）の結果が，単純接触効果は顕在記憶によって抑制されることを示唆しているではないか，という指摘もあろう。しかし，これもいろいろと問題がある。

まず，閾下・閾上の操作は評定時の想起意識のみを純粋に操作できているわけではなく，他の要因が混交している可能性も否定できない。閾下か閾上かによって提示時の注意の向け方や心的構え，退屈感も異なってくるだろうし，生理的反応のパターンに違いがあり閾下提示のほうがより持続的な影響をもたらすという知見（近藤ら，2001）もある。

結果の再現性も疑わしい。いや，ボーンスタインとダゴスティーノ（Bornstein & D'Agostino, 1992）以前にさえもその結果と一致しない知見が存在しており，「再現」どころではない。単純接触効果と再認とに与える提示時間の影響を検討したシーモンら（Seamon et al., 1984）は，再認がチャンスレベルを上回る（再認可能であるなら閾上であるといってよい）12ミリ秒以上の提示条件においても単純接触効果を認めており，しかもその大きさは減るどころか，グラフの上では提示時間の増加に伴って増大し続けてさえいる。ボーンスタインら（Bornstein et al., 1987）でも，ランダム図形を用いた場合では閾下・閾上で単純接触効果はほぼ同等，一方で顔写真を用いた場合にはむしろ閾下提示のほうが効果は小さいと述べられている。どういうわけか，ボーンスタインとダゴスティーノ（Bornstein & D'Agostino, 1992）はどちらの論文も引用していながら，こういった結果が得られていることには言及せず，閾下・閾上の比較はまだ直接には行われていないとしてオリジナリティを主張している。

メタ分析（Bornstein, 1989）では，閾下提示のほうがより強い単純接触効果が得られるという結果になっており，複数のデータを統合しての結論であるから信頼できるようにみえるかもしれない。しかし，これも実はアーティファクトに過ぎない可能性がある。ボーンスタイン（Bornstein, 1989）がメタ分

析の対象とした閾下単純接触効果の研究のうち,ボーンスタインら(Bornstein et al., 1987)を除くすべてが,各刺激の提示回数は5回ずつ,提示順はランダム,刺激は絵ではなく無意味図形,実験参加者は成人という実験条件での検討である。ボーンスタインら(Bornstein et al., 1987)も提示回数は5回,刺激は図形(実験1)または顔写真(実験2・3),実験参加者は成人である。これらの条件もまた,単純接触効果が強く得られることがメタ分析の結果から示されているものである。提示回数はあまり多すぎないほうが,刺激提示は同じものを連続ではないほうが,絵画・描画・マトリックス以外の刺激のほうが,実験参加者は子供より成人のほうが,それぞれ大きな効果量が得られている(Bornstein, 1989)。つまり,閾下提示条件の実験データは単純接触効果を得る上できわめて有利な条件で得られたもののみでなっているのであって,そうでない条件での実験データも広く含む閾上条件と比較すれば閾下条件のほうが効果量が大きく現れるのは当然であろう。

3 ── 新しい発展

　知覚的流暢性誤帰属説は,高く評価されてはいるものの完璧とまでいえるわけではない。これまでのところ,提唱者自身によってはこの理論の改訂は行われていないが,その利点を生かしつつ発展させられるような視点がいくつか現れてきている。そこで最後に,顕在記憶と排反しない誤帰属現象として位置づける生駒(2005, 2007)の提案,および流暢性が感情を喚起して評価に誤帰属されるというモデルを紹介し論じる。

(1) 顕在記憶と排反しない誤帰属現象としての単純接触効果

　単純接触効果は,顕在記憶が得られない条件下でも生じる。しかし,顕在記憶がはたらく場合には単純接触効果が得られないわけではない。数多くの知見が,単純接触効果は顕在記憶とは独立であることを示している。これは知覚的流暢性誤帰属説とは一致しない。この理論からは,過去に接触しているとわかる場合には流暢性はそこに由来するとわかるため,好意度や印象へ誤って帰属されることはないと予測されるからである。

原田（1999）は，記憶の誤帰属現象の多くは顕在記憶と排反してはいないと指摘した。そこに単純接触効果はあげられていなかったが，生駒（2005）は単純接触効果もこのような顕在記憶と排反しない誤帰属としてとらえることを提案した。顕在記憶と排反するとされる誤有名性効果をモデルにしたオリジナルの知覚的流暢性誤帰属説は，単純接触効果が実際には顕在記憶と独立であることとなじまないが，原田（1999）の指摘を当てはめることによってこの問題は解決され，格段に説明力が高まる。

　顕在記憶と排反する誤帰属現象とそうでないものとに分かれるのなら，では両者の違いをもたらすのは何であろうか。生駒（2007）によれば，それは客観的な「正解」があるかどうかであるという。排反性をもつと考えられる誤帰属現象としては，誤有名性効果が有名である。リー（Lee, 1999, 実験2）が用いた，多くの幾何学図形が重ねられた刺激に対してその図形の数を判断させる課題も，こちらに分類される性質をもつ。真実性効果も，ミッチェルら（Mitchell et al., 2005）の知見から考えるとこちらに入れてよいかもしれない。これらの課題に共通するのは，客観的で確度の高い正解があらかじめ定まっていることである。たとえば，誤有名性効果の実験では，無名人の名前として用意されるのは誰もが無名であると判断するようなものであり，無名であると答えるのが正解である。リー（Lee, 1999, 実験2）の課題でも，図形の数は誰が数えても同じであるし，誰かが数えなくてもいくつあるかは決まっている。こういった場合には，誤帰属は誤答をもたらしうるので，顕在記憶を含む資源を動員してより間違いのない解答をするように動機づけられるだろう。これに対し，顕在記憶と排反せずほぼ独立に起こることが示されている誤帰属課題では，正答が決まっている認知的判断ではなく，主観に任される感性評価が求められる。この場合，どう答えるのが「正解」かなど決まっていないのであるから，顕在記憶を動員して修正する意味はなく，感じたままのものを報告すればかまわない。むしろ，そのほうが「正解」であるともいえる。映像の明瞭さ評定（Amir et al., 2003）や音の大きさ判断（Goto, 2001）のように，物理的な単位に基づく「正解」があるかもしれない課題もあるが，これらにおいても感覚量ないしは心理量はあくまで主観的なものであり，「正解」はない。

　単純接触効果はもちろん，後者に含まれる。顕在記憶と排反せず独立であり，

求められるのは好意度や印象などの感性評価であるからあくまで主観的なものであり,「正解」は存在しえない。

(2) ヘドニック流暢性モデル

ウィンキールマンとカシオッポ (Winkielman & Cacioppo, 2001) は,流暢性はポジティブ感情の増大(ネガティブ感情の減少ではなく)をもたらすことを大頬骨筋のEMG測定により実証するとともに,流暢性が直接にポジティブ感情を生起させるとするヘドニック流暢性モデル (hedonic fluency model) を提唱し,単純接触効果にもこれを適用できると論じた。そして最近,ファンら (Fang et al., 2007, 実験2) はこのモデルを,バナー広告への単純接触効果の実験で検討している。

ファンら (Fang et al., 2007) は,このヘドニック流暢性モデルと知覚的流暢性誤帰属説とをそれぞれ「感情的パースペクティブ」「認知的パースペクティブ」と位置づけ,まるで感情認知論争(2章参照)の再来であるかのように相対させている。しかし,実際のところはそこまで根本的に対立するほどの関係ではないと考えてよいかもしれない。ヘドニック流暢性モデルは知覚的流暢性の効果を誤帰属を経由せずに説明しようとするところに特徴があるが,このモデルで単純接触効果を整合的に説明するためには,結局は誤帰属の過程を仮定するほうが自然である。知覚的流暢性が直接にポジティブ感情を生起するとしても,それが提示されている対象の評価や印象に影響するのであれば,実際には知覚的流暢性に起因しているはずの感情をその対象自体がもつ特性に誤って帰属しているということになる。これは吊り橋実験 (Dutton & Aron, 1974) でおなじみの,感情の誤帰属である。よって,このようにとらえたヘドニック流暢性モデルと知覚的流暢性誤帰属説とでは,流暢性や誤帰属過程の関与については争いがなく,不一致点は間に実体のある感情の生起を挟むかどうかというところになる。そう考えると,ヘドニック流暢性モデルは,以前からの知覚的流暢性誤帰属説と相容れない新説というよりも,むしろその改良版,あるいは近縁種とでもいうべきものかもしれない。

4章

単純接触効果と概念形成

　毎朝の通勤電車でいつも同じ車両に乗っている人に対して，はじめは特に気にも留めていなくても，何度も遭遇しているうちにだんだんとその人が魅力的に思えてくる。あるいは，CMなどで流れている曲を繰り返し聴いているうちに，いつの間にか口ずさんだりして，その曲が気になるようになる。このような日常場面における出来事には単純接触効果が関わるとされている。前章で述べたように，単純接触効果の生起要因としては知覚的流暢性誤帰属説が優勢であり，この説によると単純接触効果は再認判断とは独立であるとされている。しかし，これらの日常的な好意的反応は，事前の反復接触を自覚しているケースも多い。このように，繰り返し刺激に接触した経験を顕在的に意識することでその刺激を好むという場合は，知覚的流暢性誤帰属説とは異なる要因で好意度反応が生じている可能性がある。

　単純接触効果の生起プロセスにおいて，刺激への反復接触によってその刺激に関する知識表象がどのように形成され，それに対してどのように評価を行っているのかについては必ずしも明らかにされてはいない。本章では，刺激への反復接触による知識の形成およびその構造が，単純接触効果にどのような影響を及ぼすかについての研究を紹介する。

■■■ 1──概念とプロトタイプ ■■■

　従来の単純接触効果研究では，ある同一の刺激を反復呈示した後の新旧項目の選好判断によって論じられているものがほとんどであり，同一カテゴリー内

の複数の刺激項目を反復呈示することで、その表象がどのように修正ないし形成されるのか、について言及されていない。ある情報を知識として形成する際には、知識の獲得期においてそのカテゴリーに属するさまざまな刺激に何度も接触することで、長期記憶内にそのままの形で貯蔵されるのではなく、その対象概念の典型例を中心とした知識表象を形成すると考えられる。そして、接触頻度の高い刺激ないしは典型的な特性を多く内包する代表事例として呈示された典型的な刺激が概念の中心的事象であるプロトタイプとして表象され、その結果プロトタイプへの好意度が上昇することが考えられる。

本章ではまず、単純接触効果の生起プロセスに関わると思われる概念構造や概念形成過程について述べる。概念とは心的表象あるいは観念の構成要素であり、その中にはある集合あるいは用語についての重要な特性情報が含まれているものである。論理学的には、概念は内包（所属事例に共通する性質）と外延（所属事例そのものの集合）によって構成され、内包はさらに情報的内包（概念に対する、社会的に同意された非個人的意味）と感情的内包（概念によって引き起こされる個人的感情の雰囲気）に分けられる。概念の関連語にカテゴリーがあるが、一般に概念を内包によって定義する場合にはそのまま「概念」という用語を用い、外延によって定義する場合に「カテゴリー」と、使い分けて用いることが多い（河原, 2001）。本章でもこの定義を踏襲する。

(1) 概念構造のモデル：プロトタイプモデルと範例モデル

メディンとゴールドストーン（Medin & Goldstone, 1990）によると、概念の機能の前提には分類がある。たとえばさまざまな犬を見たときには、我々はそれらを柴犬やチワワ、ブルドッグなどへの分類が可能である。分類経験をもとにカテゴリー化が行われる。それによって、物理的形状の異なるこれらの犬を見て、それらを犬と判断することもできる。

概念の構造に関する研究はブルーナーら（Bruner et al., 1956）による定義的特性モデルなど古くから行われてきた。初期に提案された定義的特性モデルによると、ある事例が概念に含まれるか否かは、その事例が概念の定義的特性（概念の定義の役割をはたす諸特性）を有しているかどうかによって決定される。また、概念の形成は、連合強度の漸増によるもの（漸増仮説）ではなく、

仮説検証を通じて獲得される（悉無仮説）とされる（Bruner et al., 1956）。定義的特徴モデルでは，ある事例がカテゴリーに属するか否かは定義的特性をもつかどうかで二値的に決定されるため，すなわち典型性効果（Rosch, 1975：刺激が典型的であるほど，その処理効率が上昇し，再生や群化が容易になる）が説明できない。そのために現在では主にプロトタイプモデルと範例モデルといった特徴的特性モデルによる見解が優勢である。

プロトタイプモデル（Rosch, 1975；Rosch & Mervis, 1975）によると，概念は（a）その概念の諸事例間で最も共通する特徴，（b）典型的な特徴を要約したプロトタイプ，（c）典型例を中心にして家族的類似性に基づいて体制化されている，としている。そこで，ある事柄とプロトタイプの類似度の高低によって，その事柄が概念に属しているか否か，あるいはどの程度属しているか，その度合いが決定される。つまり，概念に典型的な事柄ほどプロトタイプに近いということである。ここでいうプロトタイプとは，カテゴリーの最中心（典型）的成員，あるいはカテゴリー事例の特徴情報を抽出して統合した単一表象であり，カテゴリー事例と最も多くの共通特徴をもつものである。複数の概念同士は明確に区分されるものではない。そのために，プロトタイプとの類似度が低い事例は他の概念における共通特徴を有している場合がある。ある概念を獲得するまでには，その概念カテゴリーに属するさまざまな刺激対象を学習することになる。概念形成の過程において，カテゴリーに属する刺激の中でも特に接触頻度の高い事例が，あるいはより多くの事例に含まれる共通特徴を統合したものが，プロトタイプとして表象されると考えることができる。

一方で，範例モデル（Medin & Schaffer, 1978；Nosofsky, 1988, 1992）では，概念は要約的な記述を作らずにそれを構成する個々の例（範例）によって表現されている。ある項目がある概念に属するものであるかを決めるためにその項目がその概念の範例と比較される。それでもしその項目が範例と類似していれば概念に含まれるとする。その際に，概念に属すると判断される事例を正事例，属していないものを負事例という。範例モデルでは，プロトタイプモデルでは説明困難であるアドホック・カテゴリー（Barsalou, 1982, 1983）や文脈効果を再現することが可能となる。アドホック・カテゴリーとは，特定文脈下におけるカテゴリーであり，実体のある知識として記憶中に十分に確立さ

プロトタイプ理論では概念の表象が中心傾性（平均や最頻値）からなると想定されているが，この枠組みの中では各事例のもつ多くの情報が捨てられることになる。一方で範例モデルでは情報の般化は検索時に行われるとしているために，各事例について捨てられる情報がなく，プロトタイプモデルよりも多くの情報を保持することができる。情報の保守性という観点からは，範例モデルはプロトタイプモデルよりも概念モデルに適合しているといえる。しかし，範例モデルでは学習時には情報の統合は行われない。人間が検索時には起き得ない情報の般化や抽象化を学習時に行うことを示している研究もあり（Oden, 1987），この点ではプロトタイプ理論のほうが適合しているといえる。生理的研究において，プロトタイプと範例では処理する際の脳の使用部位が異なることが示されており（Squire & Knowlton, 1995），両理論によって説明される概念が同時に並存している可能性がある。

以上の2つの理論以外にも概念構造については，たとえば理論ベースモデル（Murphy & Medin, 1985）などの数多くの理論があり，いまだに一致した見解が得られていないのが現状である。概念にはさまざまな特性があるが，そのそれぞれにいずれかの理論が当てはまる，各理論が相補的に概念を表現しているとみるのが妥当であろう。

(2) 表象の統合

人が事例の統合された表象としてのプロトタイプを作り上げるということは，バーサロウら（Barsalou et al., 1993）の提唱した理論からも支持される。彼らによると，複合的なエピソードを通して事例から抽出された情報は1つの枠組みの中に統合され，そしてエピソードを通じて，事例についての総称的な知識が，エピソード情報を配置するために，1つの表象的構造へと進展する，という。

再認判断におけるプロトタイプの効果を扱った研究として，カベザら（Cabeza et al., 1999）によるものがある。彼らは，顔刺激の典型性の上昇とともに再認判断におけるYes反応が上昇することを示している。この結果から，視覚において，同一事例の反復により事例の統合された表象を形成することが

わかる。統合された表象はさまざまな刺激と多くの共通特徴を有するために，より典型性の高い刺激に対して虚再認が生じたと考えられる。

(3) 概念の形成：事象と事例

　概念構造には前述の2つのモデルが考えられているが，概念の形成過程にも2つのモデルがあげられる。事象ベースと事例ベースの概念学習がそれにあたる。概念形成過程における事象とは，当該概念に属する刺激への接触エピソードをさし，事例とはそれらの刺激各々を指す。

　事象ベースの概念学習では，各々の学習事象に対して，1つの範例が保持される（たとえば，Brooks, 1978；Heit, 1994；Medin & Schaffer, 1978；Nosofsky, 1984，など）。すなわち，同一事例が反復呈示された場合，それはそのつど学習される。

　事例ベースの概念学習では，各事例に対して，同一事例がどんなに繰り返し出現しようとも，それは1つの範例として保持される（Medin & Edelson, 1988；Nosofsky, 1988, 1991）。事象ベースでは繰り返し呈示の効果が加味されるが，ここでは問題とされない。

　これらの概念形成モデルによって，形成される概念にも差異がみられる。図4-1aのように，4つの特徴（f_1, f_2, f_3, f_4）からなる9つの事例（E_1〜E_9）を想定する。事例のうち，E_1, E_3, E_5, E_7, E_9は同一である。事象ベースの概念学習（図4-1b）が行われた場合には，同一事例の反復呈示はそのつど記憶され，プロトタイプもそれに重みづけられる形で形成される。一方で事例ベースの概念学習（図4-1c）の場合は，同じ特徴をもつ各事例は同一のものとして処理され，その1つだけが保持される。よって，形成されるプロトタイプにもそれらの事例による重みづけは行われない。バーサロウら（Barsalou et al., 1998）によると，人は状況に応じて事象ベースの学習と事例ベースの学習を使い分けている，としている。そのため，概念構造モデルと同様に，概念形成のモデルにおいてもいまだに統一した見解は得られていない。

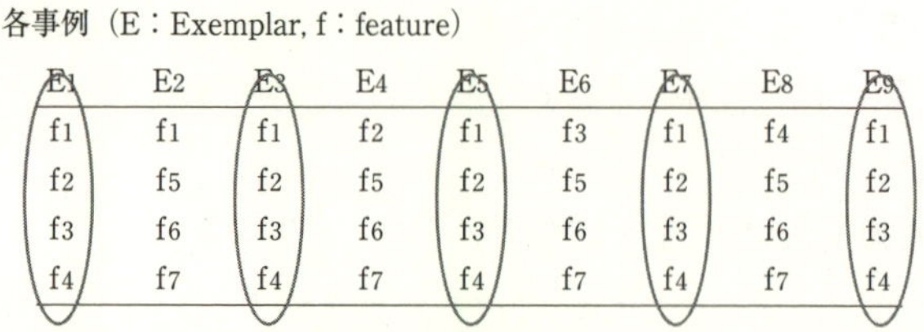

Ⅱ——単純接触効果のメカニズム

各事例（E：Exemplar, f：feature）

	E1	E2	E3	E4	E5	E6	E7	E8	E9
	f1	f1	f1	f2	f1	f3	f1	f4	f1
	f2	f5	f2	f5	f2	f5	f2	f5	f2
	f3	f6	f3	f6	f3	f6	f3	f6	f3
	f4	f7	f4	f7	f4	f7	f4	f7	f4

図4-1a　各事例

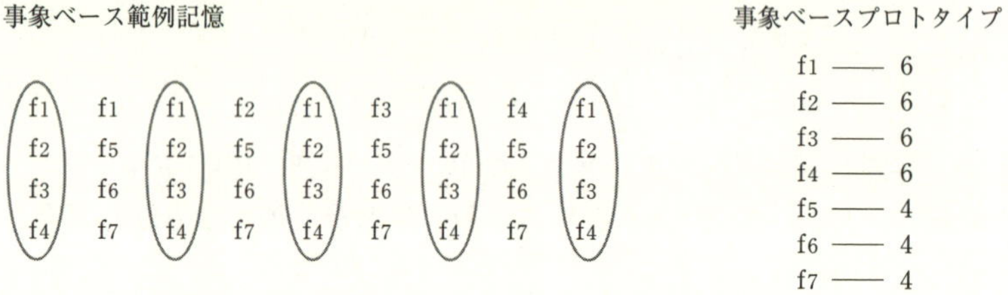

事象ベース範例記憶

```
f1  f1  f1  f2  f1  f3  f1
f2  f5  f2  f5  f2  f5  f2
f3  f6  f3  f6  f3  f6  f3
f4  f7  f4  f7  f4  f7  f4
```

事象ベースプロトタイプ

f1 —— 6
f2 —— 6
f3 —— 6
f4 —— 6
f5 —— 4
f6 —— 4
f7 —— 4

図4-1b　事象ベースのカテゴリー化モデル

事例ベース範例記憶

```
f1  f1  f2  f3  f4
f2  f5  f5  f5  f5
f3  f6  f6  f6  f6
f4  f7  f7  f7  f7
```

事例ベースプロトタイプ

f1 —— 2
f2 —— 2
f3 —— 2
f4 —— 2
f5 —— 4
f6 —— 4
f7 —— 4

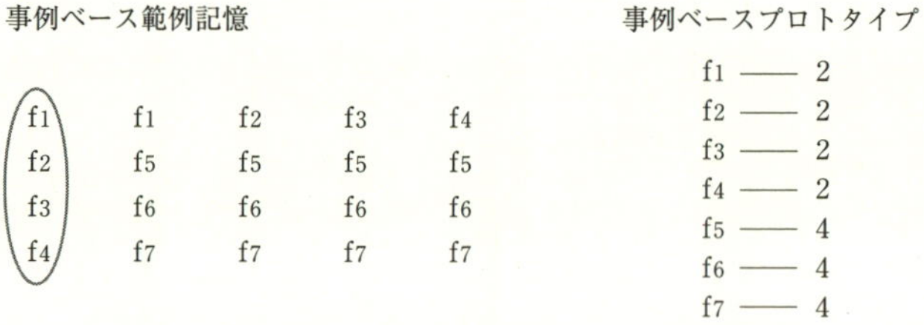

図4-1c　事例ベースのカテゴリー化モデル
(Barsalou et al., 1999)

■■■ 2 ——単純接触効果とプロトタイプとの関わり ■■■

　以上の知見から，刺激対象に触れれば触れるほど好意度が増すという単純接触効果とプロトタイプとの関わりが推測される。つまり，同一カテゴリーに属するさまざまな刺激を繰り返し呈示することで，その刺激の表象の中でプロトタイプが形成され，その結果プロトタイプへの好意度が上昇することが考えられる。しかし，加藤ら（1999）の顔刺激を用いた研究では，さまざまな表情の繰り返し呈示による効果が他の表情に般化せず，実際に呈示した顔写真，しか

も快刺激に限り好意度が上昇することを示した。ただし，顔認知はその対象の人物の同定に関わることもあり，対象認知の中でも特殊なものである。また，顔刺激が他者に対するメッセージ伝達機能を備えていることから，感性的な判断を問う単純接触効果実験の呈示刺激としては必ずしも適当であるとはいえない。したがって，刺激の典型性が単純接触効果と関係がある可能性は残されている。また加藤ら（1999）は，快刺激に効果が限定されたという結果から単純接触効果には刺激に対する表層的な処理だけでなく，認知的に深い処理が関わっていると解釈している。このことからもプロトタイプへの効果の般化が期待される。プロトタイプは概念間の共有特徴と高い接触頻度により形成されているために，どこかで見たことがある，という既知感が得られやすい。そしてこの既知感が安心感を喚起し，好意的反応が生じると考えられる。知覚的流暢性誤帰属説では好意度の上昇に親近性の介在を仮定しているが，既知感は親近性の背後の構成概念としての位置づけが可能である。というのも，親近性の高低は，対象が既知か未知かが重要な決定要因であるからである（Schwarz, 1990）。つまり，刺激の接触が好意的反応を生起させるプロセスには，処理効率の上昇という知覚的な要素だけでなく，刺激対象を知っているか否かという深い認知的処理の関わりが想定できる。

（1）実験的検討

本節では，単純接触効果を支える概念形成過程を検討した我々の一連の研究を紹介する。

単純接触効果研究の中に，カテゴリー般化や心的表象の形成およびそれへのアクセスに関わると思われるプロトタイプの概念を導入し，これまで別々の文脈で語られてきたこの2つの研究領域を統合することで，より一般的な場面での好意度形成のプロセスを解明する事を目指したものである。これらの研究における検討課題は以下のとおりである。

第1に，概念形成は事象と事例のどちらに基づいているか。さらに，概念構造は，プロトタイプを中心に体制化されているか，それとも範例の集合であるか。第2に，好意度評定は，刺激の典型性や呈示回数にどのような影響を受けるか。第3に，カテゴリー内，ないしはカテゴリー間の事例の次元を融合した

Ⅱ——単純接触効果のメカニズム

プロトタイプ的なディストラクターに対する好意度評定はどのようなものであるか。

呈示刺激は，バーサロウら（Barsalou et al., 1998）の刺激図に準拠して作成した熱帯魚の絵を用いている。熱帯魚はターゲットであるA種とディストラクターのB種の2種類あり，それぞれ10次元構造であった（図4-2）。次元7〜10は同種内のすべての事例で同一であった。刺激の事前典型性の設定は共有次元数で操作した。プロトタイプ形成の有無を調べるために，ターゲット刺激のA種を統合したカテゴリー内ディストラクターを作成した。プロトタイプは概念の単一表象とであるので，カテゴリー内統合刺激（カテゴリー内ディストラクター）の高，中，低は，形成されたプロトタイプとの類似の度合いとみな

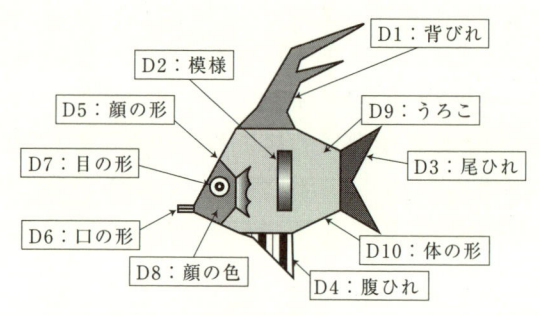

図4-2　熱帯魚の構造
（Matsuda & Kusumi, 2002, 2003, 2006）

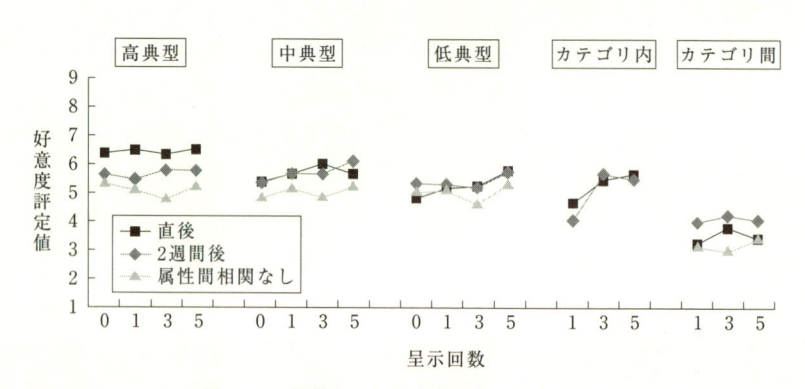

図4-3　熱帯魚への好意度評定
（Matsuda & Kusumi, 2002, 2003, 2006）

した。A種が，B種ときちんと分離されて，1つの概念として凝集性をもって形成されているかを調べるために，A種とB種の統合刺激であるカテゴリー間ディストラクターもあわせて設定した。

(2) 多次元刺激の反復呈示による概念形成と感性判断

　ここでは前記のような統制された人工的画像刺激の典型性と呈示回数を操作することによって，概念形成過程と概念構造，感性評価に及ぼすプロトタイプの効果を検討した（Matsuda & Kusumi, 2002）。その結果，以下の3点が明らかとなった。第1に，反復呈示によって刺激の典型性の上昇がみられ，単純接触による概念の形成は事象をベースに行われたと考えることができる。第2に，学習時には呈示されない，呈示刺激同士を統合したプロトタイプ刺激への評価がなされたことで，我々が概念の中心にプロトタイプを形成することが示唆された。第3に，概念形成と単純接触効果との関係については，刺激への好意度の形成には典型的刺激のもつ既知性が関与し，プロトタイプは，その次元の値の重みづけが強い（接触頻度が高い）ほど肯定的な感性判断がなされた。これらの結果より，単純接触効果の生起への概念形成の関与が示唆される。

(3) 長期的インターバルが典型的表象の感性判断へ及ぼす効果への影響

　松田と楠見（Matsuda & Kusumi, 2002）の実験では刺激呈示から評価までの遅延時間は5分と短いものであった。しかし，ここでの結果からは反復呈示による刺激の典型性上昇が，概念形成によるものであるのか，それとも単なる知覚的流暢性によるものなのかの判別がつかない。そこで，2週間の遅延をはさみ，概念とその感性評価の長期的な形成過程を測った研究を紹介する（Matsuda & Kusumi, 2003）。実験の結果，一度形成された概念も，時の経過とともにあいまいになり，その凝集性も低下するが，おおまかなプロトタイプ像は保持されること，概念があいまいなものになるに伴って，学習された事例に対する感性評価も低下するが，一方でプロトタイプ的な刺激に対する評価はみられることを示した。プロトタイプの長期的保持を示すこの実験結果は，従来の記憶研究に照らし合わせて以下のように解釈される。学習直後には刺激接触経験によるエピソード記憶ベースで評定が行われる一方で，遅延後には形成

された意味記憶ベースで行われる。ファジートレース理論（Brainerd & Reyna, 2002；Reyna, 2003）においては前者が逐語的同一性で後者が要約的類似性に，それぞれ相当すると思われる。逐語的痕跡と要約的痕跡は平行して貯蔵されるものの検索ルートは独立しており，前者は後者に比べて保持期間が短いことが，本研究の結果からいえる。

（4）属性間相関が感性判断に及ぼす効果

　以上の研究はいずれも学習時に呈示された刺激の各次元の値の組み合わせは一定であった。概念形成には属性間相関が重要であるが（たとえばWattenmaker, 1993；McRae et al., 1999），単純接触効果にも属性間相関が影響するかを検討する必要がある。松田と楠見（Matsuda & Kusumi, 2003）ではプロトタイプが具体的な範例と独立して存在しうる可能性を有することを示したが，具体的な範例が存在しない状況においてもプロトタイプへの肯定的評価が行われるかを検討する必要がある。そこで，学習時の刺激の繰り返し呈示の単位を，画像全体から次元ごとに変更し，先行研究の結果との比較を行った（Matsuda & Kusumi, 2006）。その結果，呈示回数に伴って典型性評定値や再認判断は上昇したが，既知感および肯定的感性判断の評定尺度値の上昇はみられなかった。

■■■ 3 ── まとめ：単純接触効果と概念形成 ■■■

（1）事象ベースの概念学習によるプロトタイプの形成

　従来の概念研究の中で，その形成過程モデルとして事象ベースモデルと事例ベースモデルが提唱されてきた。前節で紹介した研究結果より，呈示回数の上昇に応じて刺激の典型性が上昇し，さらにこの傾向は呈示刺激のみならず刺激同士を統合したプロトタイプ刺激（カテゴリー内ディストラクター）に対しても同様にみられた。よって，概念形成モデルとして，事象ベースモデルのほうがより適合性が高いことが示された。

　概念構造についても，プロトタイプモデルと範例モデルの2つのモデルが提唱されている。一連の研究において，実際には呈示されていない，呈示刺激同

士を統合したプロトタイプ刺激を作成し，それへの評価によって両モデルの適合性の検討を行った。その結果，呈示回数の多かった刺激同士を統合したプロトタイプ刺激への典型性評定および再認判断の値が大きかった。ここでの再認判断値はすべて虚再認であることからも，概念の諸事例間で最も共通する典型的な特徴を要約したプロトタイプが形成されていたことが示唆された。

　無論，反復呈示によって生じたポジティブな感情は，呈示刺激に物理的，構造的に類似した新奇刺激に一般化される（Gordon & Holyoak, 1983）ことから，本研究の結果はプロトタイプが形成されたのではなく，呈示刺激への類似度に基づいて判断が行われた，との解釈も可能であろう。しかし，範例記憶が存在しない状況においても同様の結果が得られている。また，マーフィーら（Murphy et al., 1995）による感情プライミング実験のように，反復呈示によって生じた感情が，別のソース（たとえば，幸福顔と怒り顔の閾下呈示）から生じた感情に加算的に影響した可能性もあるが，対立概念として呈示したB種との統合刺激（カテゴリー間ディストラクター）に対しては同様の結果が得られていない。以上より，事例の特徴を統合したプロトタイプがたしかに生成されていることが主張できる。すなわち，概念構造は範例モデルよりプロトタイプモデルの適合性が高いことが示唆される。では範例モデルは棄却されるかといえば，必ずしもそうではない。具体的な範例記憶のない状況では，典型的刺激に対する肯定的評価傾向が消失している。この結果から，反復接触事象によって事例に対する親近感や既視感を高めるには，その素地に具体的な範例記憶が必要であることがわかる。概念構造モデルとしては，概念の中心にプロトタイプが布置され，その周囲はプロトタイプとの類似度に応じて各範例が布置される形で構成されるという，プロトタイプ－範例統合モデルが妥当と考える。

(2) 単純接触効果における概念形成の介在

　従来の単純接触効果研究の中で，感情先行説（たとえば，Monahan et al., 2000；Zajonc, 1980：好意度評定は認知的処理と独立しており，かつ先行して行われるとする）と，知覚的流暢性誤帰属説（反復呈示が脳内の処理速度や効率を上昇させることで知覚者に刺激へ親近感を感じさせ，それが好意度に誤帰属されるとする）のような認知先行説（Bornstein, 1992；Bornstein &

II──単純接触効果のメカニズム

D'Agostino, 1992, 1994；Jacoby & Kelley, 1987：先行呈示刺激が好まれるのはそれらを事前に処理したことによる親近性によるとする）の対立が続いている。感情先行説は，ウィルソン（Wilson, 1979）やクンスト-ウィルソンとザイアンス（Kunst-Wilson & Zajonc, 1980）の研究のように，再認意識の欠如した状況においても選好課題では経験済みの刺激を高い確率で選択されることをその根拠としている。それに対して認知先行説では，再認意識の欠如した状態でのターゲット選択は，好意度判断と同様に親近性評定でもみられる（Bonnano & Stillings, 1986）ことから，親近性評定が記憶探索と独立に行われるために，刺激の事前の文脈が想起されず，実験参加者は再認意識無しに先行呈示刺激を好む（Seamon et al., 1998），と説明している。

2節の実験的検討によって得られた結果は，典型的刺激が生じさせる既知感が肯定的な評価を引き起こすというものであり，認知先行説に適合するものである。これは，学習時とテスト時で同一の刺激項目を用いた新旧項目間の選好テストで単純接触効果研究では確認できなかった結果である。つまり，従来の研究法では同一刺激への反復接触から処理効率の促進が生じ，親近性の向上が生起することが仮定されてきた。それに対して，本章で紹介した3つの実験では同一カテゴリーに属する異なる事例を学習，評定時に使用することによって，単純に同一刺激の処理効率の向上だけではなく，概念形成とそれにともなう典型的な刺激に対する既知性の向上が介在し，親近性の上昇が生じることが示したといえる。もちろん，この結果によって好意度判断の感情先行説が否定されるわけではない。情動反応には扁桃体が重要な役割を担う一方で，記憶にとっては海馬が重要であるが，海馬損傷によって刺激の再認判断に障害がみられる場合であっても，刺激への好意度判断は可能である。また，視床から扁桃体へ流れる感覚信号は，視床から皮質の感覚野に流れるものと比べて速いことを示した研究もある（たとえば，LeDoux, 1984）。したがって，認知的処理を経た好意度判断が存在すると同時に，認知的処理とは異なる解剖学的構造をもつ好意度（Murphy & Zajonc, 1993）とが共存していると考えられる。

5章

単純接触効果と潜在学習

　本章では，単純接触効果と関係が深いと思われる潜在学習という現象を単純接触効果と対比させながら紹介する。単純接触効果と潜在学習は非常に類似した現象であるが，不思議なことに統一的に説明されてこなかった。また，その関連性もあまり検討されてこなかった。それはいったいなぜなのだろうか。我々はそこに着目した。本章では最初に「単純接触効果」と「潜在学習」がいかに類似した現象であるかを読者に示した後，双方の分野の研究者が前提としてきた暗黙の境界である「感情」の取り扱いに関して，問題を提起する。最初に断っておくが，筆者らは決して，「感情」を研究テーマとすることを否定するわけではない。しかし，感情を操作した心理実験には，実験者だけが「感情」を操作した「つもり」になっていると指摘されてもしかたないものが多いのも事実である。「感情」という説明の困難な概念を持ち出さなくても説明できることはないだろうか。どうして現象の説明にわざわざ「感情」を用いる必要があるのだろうか。本章では実際に実施された心理実験を紹介しながら，「説明に感情を持ち出すこと」を正当化するための指針の1つを示したい。

■■■ 1 ── 単純接触効果と潜在学習の関係について ■■■

　ボーンスタイン（Bornstein, 1989）によれば，単純接触効果の研究は古く，フェヒナー（Fechner, 1867）にさかのぼる歴史がある。しかし，現在の単純接触効果の枠組みにおいてはザイアンス（Zajonc, 1968）に負うところが大き

II——単純接触効果のメカニズム

い。彼によって示された、「繰り返し呈示された刺激に対して好意度が上昇するという現象」に対し、多くの研究者がさまざまな刺激を用いて検討してきた（単純接触効果研究の詳細なレビューは本書の1・2章を参照のこと）。

ほぼ時を同じくして、リーバー（Reber, 1967, 1969）は、「学習意図がなく、また学習した知識体系に関して意識的にアクセスすることができない学習」として、「潜在学習」（implicit learning）の概念を示した。潜在学習を研究する上でいくつかの課題が用いられてきているが、その代表的なものの1つとして「人工文法学習（Artificial Grammar Learning）課題」があげられる。

「人工文法学習課題」とはいかなる課題だろうか。「人工文法」とは、「一定の規則に従って並ぶ文字列を作成する一連のルール」である。図5-1には後に紹介する実験で用いられた2つの人工文法を示した。ここでは左側の「人工文法1」を用いて説明することにしよう。「人工文法1」では、左端のS1に向かって矢印が伸びている。これがスタート部分である。そこからさまざまに矢印が結合した後、S3、S4、S5からそれぞれ右側に向かう矢印が出ており、これがゴール部分になる。このルールに従って文字列を作ることができる。たとえば、左端の矢印のスタート部分から始まり、S1、S2、S5、S4と矢印に従って進んでゴール部分に至ると「VTV」という文字列が作成される。同様に「VJTXVJ」や「XXVTV」などの文字列が作成されることがわかるだろう。こうして作成された文字列を、「文法に従っている文字列」ということから「文法文字列」と呼ぶことにしよう。人工文法学習課題はこうした人工文法を利用

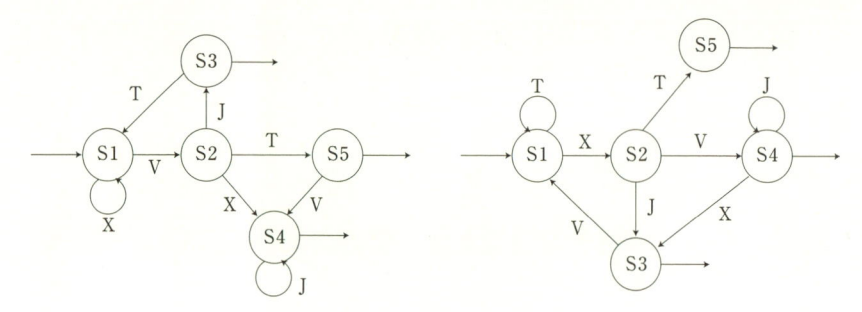

図5-1　人工文法の例（人工文法1（左）と人工文法2（右））
ノールトンとスクワイア（Knowlton & Squire, 1996）で用いられた2つの人工文法を本実験でも用いた。ただし右側の人工文法2は使用文字を変更した。

した課題である。実験参加者は，最初に人工文法に基づいて作成された，いくつかの文法文字列を繰り返し呈示される。この時，文字列が人工文法に従って作られていることは知らされない。しかし，「文法に従っていそうな文字列を選んでください」と求められると，参加者はたとえはじめて見る文字列に対しても，それが文法文字列か否かを判断できるようになる。これが人工文法学習課題の概略である。

ここで注目すべきところは，繰り返し見せられた文字列だけでなく，はじめて見る文字列についても人工文法に従っているかどうかを判断できてしまう点である。つまり，単に繰り返し見せられた文字列をそのまま覚えてしまったというだけではなく，どうやら繰り返し見せられた文字列の背景にある複雑なパターンを学習してしまっているらしい，というところがこの課題のポイントである。しかも当の本人は「人工文法を学習しよう」と努力したわけでもなければ，学習した自覚すらないということが，さまざまな実験から判明している。そのため，この現象は「潜在」学習と呼ばれるようになったのである。

さて，この潜在学習は，呈示された刺激そのものに対する反応の変化，というレベルを超えている点で，一般的な単純接触効果課題とは異なっているといえるかもしれない。呈示された刺激から，抽象的な人工文法というパターンを抽出してしまうところがポイントだからである。しかし，「繰り返し呈示された刺激に対して生じる」という点においては非常に類似しているといえよう。ゴードンとホリオーク（Gordon & Holyoak, 1983）は「単純接触効果の般化（generalization）」を検討した実験を行っている。「般化」とは，「最初に呈示された刺激が後に多少変化しても，最初に呈示された刺激と同じものとして認識される」ことをいう。ゴードンとホリオークは実験参加者に対し，人工文法学習課題と同様に複数の文字列を繰り返し呈示した。その後，新たに作成した文法文字列と文法に従わない文字列（逸脱文字列）をいくつも用意し，それぞれが「どのくらい好きか」を参加者にたずねた。つまり人工文法学習課題と同じ枠組みの実験を行いながら，しかし「文法に従っているか」を判断させたのではなく，「どのくらい好きか」という点，すなわち好意度を指標として用いたのである。こうすると，人工文法課題と単純接触効果は判断の根拠以外，実質的に同じ課題になってしまうことがわかるだろう。近年，単純接触効果の研

究者の間では，最初に呈示された刺激そのものへの反応を「古典的単純接触効果」，実際には最初に呈示されなかった刺激への反応（「般化」を前提にした反応）を「構造的単純接触効果」と呼ぶことが一般的になりつつある（Newell & Bright, 2001；Zizak & Reber, 2004）。この区分に従うと，構造的単純接触効果は人工文法課題とまさに同じ枠組みでとらえられる現象であり，違うのは「聞き方」だけということになる。

　さて，このように非常に類似した単純接触効果と潜在学習であるが，なぜか前述したゴードンとホリオーク以降，あまりその関連性が検討されてこなかった。現在振り返ってみると，ゴードンとホリオークの研究は，人工文法課題を媒介に単純接触効果と潜在学習の研究の統一を目指した架橋的研究として，きわめて価値のある研究だと評価できる。しかし，この研究が発表された段階では，マンザら（Manza et al., 1998）の言葉を借りるなら「よくわからない理由で」他の研究者から注意が払われてこなかったようである。その背景の1つには，単純接触効果が「感情に関連した現象である」という前提のもと，解釈されていたことがあげられるのではないかと思われる。つまり，「好意度の上昇」という行動変化は「感情をつかさどる器官における情報処理プロセスの結果として生じた」と位置づけられ，一般的な認知的情報処理プロセスの結果と区別されてきた経緯がある。そのため，一般的な認知的情報処理プロセスの枠組みで検討されてきた潜在学習との類似点よりも相違点に注目が集まる結果となり，両現象を統一的にとらえる試みが進まなかったものと考えられる。つまり感情との関連が単純接触効果を特別なものにしてきたのではないだろうか。

　こうした単純接触効果における感情重視の着眼点に対して異論を唱えた研究者もいる。たとえば，マンドラーら（Mandler et al., 1987）は，単純接触効果における再認課題と選好課題の結果のズレが選好判断特有の現象ではないことを示し，選好判断が感情に関連した「特殊な」情報処理プロセスによるものとの仮定に異議を唱えた。彼らは，呈示場面と判断場面からなる一般的な単純接触効果の枠組みで実験を行った。判断場面では従来の単純接触効果研究と同様，2つの刺激のうち，「どちらが好きか（「選好」）」を問う条件と，「どちらを見たことがあるか（「再認」）」を問う条件に加えて，「どちらが明るいか（「明るさ」）」を問う条件を用意した。その結果，「再認」では呈示場面で繰り返し呈

示された刺激（呈示刺激）と呈示されなかった刺激（非呈示刺激）の弁別成績がチャンスレベルであった。それに対して「選好」および「明るさ」では，呈示刺激の選択率が有意に高くなることが示されたのである。つまり，呈示刺激と非呈示刺激を対呈示したとき，「どちらが先ほど出てきたか」と聞かれた場合は正しく判断できない（再認できない）にもかかわらず，「どちらが好きか」，あるいは「どちらが明るいか」と聞くと，どちらの場合も呈示刺激を有意に多く選んだということである。したがって，再認成績を上回る成績で判断することができたのは，「選好」のような「感情に基づく特殊な判断だったから」ではなく，「明るさ」という観点からの判断でもよいということになる。このことから単純接触効果と潜在学習は以下のように統一的に説明することが可能である。つまり，「繰り返し呈示されることで何らかの情報が保持されているとき，適切な『聞き方』をすることによってその情報にアクセスし，その情報を用いることができる」という説明である。このようにとらえるならば，わざわざ定義困難な「感情」という概念を現象の説明に使う必要はないことになる。

「再認判断」との比較においてだけでなく，「文法判断」もまた同様のことがいえるかもしれない。この点に関連し，学習後のテスト課題の違いに着目した研究がある。マンザとボーンスタイン（Manza & Bornstein, 1995）は人工文法学習課題を用い，選好判断あるいは文法判断を行った後に，文法規則の顕在的な知識を測定するテスト，つまり「どんな規則があったのか」について具体的に回答してもらうテスト（顕在知識テスト）を行った。すると選好判断を行った参加者では文法判断を行った参加者と比べて顕在知識テストの成績が低いという結果が得られた。この結果から，マンザとボーンスタインは，選好判断では文法判断よりも潜在的な知識に依存していたのではないかと考えた。そして選好判断では覚えていることを少しでも思い出して回答しようとしなかったことが，後の顕在知識テストの成績低下につながったのではないかと指摘している。また，山田（2004）は，隣り合った文字列が入れ替わっているという表面的なレベルで文法から逸脱した文字列を用いたテスト課題では，文法判断による成績が選好判断による成績を上回ったのに対して，遠く離れた文字が入れ替わってしまっているというより構造的なレベルで文法から逸脱した文字列を用いたテスト課題では，両判断の成績が同等であったことを確認した。この結

果から，山田は文法判断がより部分的な特徴に依存しているのに対し，選好判断ではより全体的な特徴に基づいて行われているのではないかと主張している。さらにこれに関連して，ザイアンス (Zajonc, 1980) は異なる理論的背景から，選好判断は対象の全体的・非分析的な成分を検出するという見解を示している。これらの研究は「聞き方」の違いが反応パターンに違いを及ぼすことを示した結果であるといえる。そしてこれらの結果を説明するために，取り立てて感情という概念を持ち出す必要はないように考えられる。

また，ディーンズとスコット (Dienes & Scott, 2005) は，判断の確信度とその正確さを検討し，そこに強い関連を見出した。この結果をふまえると，「間違っていてもかまわないから少しでも正しいと思うほうを選んでください」と教示されるのか，「絶対に間違ってもらっては困るので確実に正しいほうを選んでください」と教示するかによって結果に差異が生じることが予測できる。このように考えると単純接触効果で検討している再認と選好の相違，または本章で問題にしている潜在学習と単純接触効果の相違は，この「聞き方の問題」に収斂できる可能性がある。

ここで示した相違を当たり前ととるか，そうでないととるかは意見の分かれるところかもしれない。おそらく正確さをどの程度要求するかに関しては程度の問題であることに異存はないだろう。つまり，じっくりと時間をかけてできるだけ正確に回答しようとする程度の違いが回答の正確さや迅速さに影響する，ということである。これに対して，従来の単純接触効果研究においては再認と選好の間には，前述した程度の問題以上の違いが潜んでいるように，半ば暗黙のうちにみなしてしまっている。つまり，単純接触効果において再認成績と比べ選好成績が高かったという事実を説明する際，字義どおりに「肯定的感情が上昇する」と解釈してしまうと，要求された正確さの違いでしかない可能性があるにもかかわらず再認と選好の違いを質的な違いにまで（無自覚的かもしれないが）昇華させてしまっていることになるのである。以上のように考えると選好判断を感情が関与している「特殊な」情報処理とみなし，単純接触効果を潜在学習とは「質的」に異なった現象と考えてよいのかについては慎重に議論する必要があるといえよう。

■■■ 2 ──「質的な違い」と「量的な違い」を理解するために ■■■

　前節で指摘した単純接触効果と潜在学習の違いを考えるにあたって，ここではまず，行動指標を用いた心理実験において，一般的に「質的」な違いをどのように検討すべきかを考えてみよう。ある2つの現象を説明する上で，各々別の処理プロセスを仮定する必要が生じる状況として，以下の2つの場合が考えられる。つまり，(1)生物学・生理学的な実装レベルにおいて，そもそも異なる情報処理プロセスが活動していることが実証されたとき，もしくは，(2)2つの課題間での結果が質的に異なっているときである。

　まず(1)生物学・生理学的な実装に関して考える。仮に，脳内の実装として異なる情報処理プロセスが実在していたとする。こうした場合，性質の異なる課題を行っているときは異なる情報処理プロセスが用いられていると考えられるかもしれない。しかし厳密にいえばこうした場合でも，呈示された刺激に対する実験参加者の判断という行動指標を用いるのであれば，そこから得られた結果の違いを異なる情報処理プロセスの存在によって説明することは難しい。たとえ生理学的指標などをあわせて記録していたとしても，問題の解決にはならない。というのももし仮にある判断（たとえば選好判断）をする際には別の判断（たとえば文法判断）をするときに比べ，生理学的活動（たとえば皮膚電位活動など）が活性化されたとしても，その活性化と判断の間の厳密な意味での因果関係はわからないし，それらが同じ情報処理プロセスを用いているかどうかの決定的な証拠にはなりえないからである。なぜなら，たとえば単に「選好判断をしている」という事実に対して活性化しているだけかもしれず，実験参加者が判断とは無関連に興奮しているだけかもしれないからである。そのような場合，判断と生理的活動の関係は因果関係というよりは付随関係でしかない。もちろんすでに感情に関連した反応として確立された指標を用いるのであれば，解釈は変わるかもしれない。しかし厳密な意味ではそこに因果関係を認めることはできない。そのため生理学的指標と行動指標が相関したからといって「生物学・生理学的に実装が明らかになっているプロセスが関与している」と結論づけるのは拙速であろう。極論を言ってしまえば，臨床例研究のような

II──単純接触効果のメカニズム

場合(脳内に実在する特定の情報処理プロセスがなんらかの原因によって選択的に損傷してしまった人に実験への参加を依頼できたような場合)を除き,実験参加者の観察可能な行動を従属変数として用いている限りにおいては,行動指標の結果を実装レベルの違いを用いて議論することは困難なのである。

次に(2)課題ごとの結果の相違を考えることにしよう。行動指標を従属変数として用いた場合に質的なプロセスの違いを主張するためには,2つの課題間での反応傾向の違いを示すことがその裏づけとなると考えられる。というのも,行動の生成において異なる判断基準を用いていることが明確になるからである。逆にそうでない限り背景機序の違いを論ずることはできない。この反応傾向の違いから質的な違いを考えるにあたっては,量的な違い,すなわち聞き方や程度の違いと判断されるのはどのような状況であるかについても整理しておく必要がある。この聞き方の問題あるいは程度の問題を検討する上で前提になるのはトレードオフの発生である。前述したように判断の速さと正確さのどちらか一方に重きをおく必要があるような状況においては,反応時間と正答率がトレードオフになると考えられる。この「トレードオフ」とは,つまり反応時間の短さが重要なのであれば正確さがある程度犠牲になり,逆に正確さが重要であるとするのであれば反応時間が長くなるという事態である。しかし,速さと正確さの双方が保証されるような状況下で結果が同一になるような場合には,その判断に用いられているプロセスが「質的に異なる」とはいえないだろう。というのも,聞き方によって「早く答えるように」あるいは「じっくりと納得が行くように」という付加的なフィルターが認知プロセスと連動してはたらいているだけであると解釈することができるからである。つまり,あるプロセスを一度経由して検討しただけで答えを出力した場合は出力に要する時間は短いが,真値からの誤差が大きく正確さを欠く。これに対してあるプロセスを複数回経由して検討した上で出力した場合は出力に要する時間は長くなるが,真値からの誤差が小さくなり正答率が高くなる,と考えればよいのである。したがって1つのプロセスの存在のみで結果の違いが説明可能になる。

こうした前提を踏まえた上で,単純接触効果と潜在学習,あるいは選好判断と再認判断についてそのメカニズムを説明する2つの仮説を提案してみよう。まず,選好判断と再認判断では「より早く」,あるいは「より慎重に」に匹敵

する付加的なフィルターが同一のプロセスに影響していると考えることができる。つまり前述したトレードオフが生じるような状況である。こうした説明を「同一プロセストレードオフ」説と呼ぶことにする。これに対し，選好判断では感情に関連したプロセス（「感情プロセス」とする）を用い，再認判断では認知に関連したプロセス（「認知プロセス」とする）を用いたと解釈することもできる。ここではこうした説明を「別プロセス関与」説と呼ぶことにする。この2つの仮説を検討することができれば，2つの独立したプロセスを仮定すべきなのか否かがわかり，単純接触効果と潜在学習の関係も明確になるのではないかと思われる。

■■■ 3 ──「質的な違い」と「量的な違い」を切り分けるために ■■■

以下では，人工文法学習課題を用いて選好判断と文法判断の差異を検討した実験を紹介する。この実験は前述した2つの仮説の検討に役立つ。すなわち，選好判断と文法判断の相違が検出力のみに基づくもので，同じプロセスの下で処理されているのか（「同一プロセストレードオフ」説），あるいは処理に質的に異なるプロセスが想定されるのか（「別プロセス関与」説）について一定の見解を示すことができるものである。なお，この実験は人工文法学習における選択的注意の役割を検討する目的，選好判断では大域的な情報が用いられやすいか否かを検討する目的という本章の趣旨とは異なる2つの別な目的も有していた。そのため注意に関連する要因なども実験計画に含まれているが，本章ではその要因に関する詳しい説明を割愛する。そちらに関心がある場合は別途文献をあたってほしい[*1]。

(1) どんな実験を行ったのか

実験には44名の大学生に参加を依頼した。手続きは標準的な人工文法学習課題に準じたもので，学習段階とテスト段階に分かれていた。まず学習段階では，文法文字列を繰り返し呈示し，つづくテスト段階では文法文字列と逸脱文字列

[*1] 結果も含めた実験の詳細は「日本心理学会第69回大会発表論文集（pp.691-692）」に掲載されているのでそちらを参照のこと。

を弁別させる課題を行わせた。なお，テスト段階では前半に選好判断を行い，後半に文法判断を行わせた。

実験刺激としてはネイボン（Navon, 1977）の大域／局所文字を応用したGLOCAL文字列（図5-2）を用いた。大域／局所文字とは複数の文字によって1つの文字を構成するような視覚刺激のことである。GLOCAL文字列とはこの大域／局所文字から構成される文字列であるが，2つの文字列を表現することができる。たとえば図5-2の場合，大域で読むと「VJTXVJ」と読め，局所で読むと「TXJVXV」と読める。つまり1つのGLOCAL文字列で2つの異なる人工文法に従うことができるのである。図5-2の場合，大域では図5-1の左側の人工文法1に従い，局所では右側の人工文法2に従っていることになる[*2]。

この実験では図5-1の2つの人工文法に基づいて17のGLOCAL文字列を作成し，学習段階で使用した。また，大域文字で人工文法1に，局所文字で人工文法2に従う刺激と，これとは逆に大域文字で人工文法2に，局所文字で人工文法1に従う場合の双方を作成して文法間の相違を統制した。またテスト段階で使用するために，文法文字列とその文字列から1～2文字，文法に従わないように文字を入れ替えた逸脱文字列を作成した。テスト段階で用いた文法文字列と学習段階のものとは重複しなかった。テスト段階では人工文法1，2それぞれに関する文法文字列と逸脱文字列のペアを作成して使用した。

次に実験の進め方を説明する。最初の学習段階で，実験参加者はコンピュータの画面に呈示されるGLOCAL文字列を見るよう求められた。このとき大域条件に割り当てられた参加者はGLOCAL文字列を大域的に見るように，局所条件に割り当てられた実験参加者は局所的に見るように求められた。つまり，図5

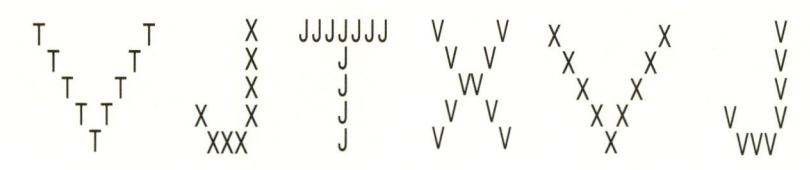

図5-2　GLOCAL文字列の一例

[*2]　実験参加者の注意を操作する目的でこうした特殊な刺激を用いた。しかしここでは注意の話は言及しないので，普通の文法文字列が用いられたと理解してほしい。

−2の場合，大域条件の参加者は「VJTXVJ」と見ることになり，局所条件の参加者は「TXJVXV」と見ることになる。これを1つの文字列につき5回，繰り返し行った。文字列の呈示順は実験参加者ごとにランダムになっていた。

続くテスト段階は選好判断，文法判断の順で実施された。画面の上下に文法文字列と逸脱文字列が対呈示され，選好判断ではどちらか好きなほうを，文法判断ではある規則性に従っていると思われるほうを選択するよう求められた。それぞれ40対の文字列対に対して判断を求められた。2つの判断課題で用いられた文字列対は同一のものであったが，出てくる順番は課題ごとにランダムになっていた。

(2) 実験から得られた結果

はじめに選好判断と文法判断の関係を探るため，課題要因（選好判断，文法判断；実験参加者内要因）×文法要因（大域文法，局所文法；実験参加者内要因）×注意要因（大域注意，局所注意；実験参加者間要因）の3要因混合計画の分散分析を行った。その結果，課題要因に主効果があり，選好判断のほうが文法判断に比べて，文法文字列の選択率，つまり正答率が有意に低かった（$F(1,42)=10.43, p<.01$）。なお，課題要因が関連した交互作用はなかった。

次に，選好判断と文法判断の回答傾向の一致率を検討した。選好判断と文法判断では順序こそランダムだったが同一文字列対を用いたので，判断傾向に一貫性があるかどうかを検討することができた。40対に対する判断の相関を検討したところ全実験参加者の平均が0.574（$SE=.016$）となり，比較的高い正の相関がみられた。

(3) 実験の結果の解釈

前述の実験結果から何が読み取れるだろうか。選好判断と文法判断の関係を検討すると，まず，文法判断のほうが選好判断より文法文字列を選択する割合が高いことがわかった。つまり，この結果は選好判断と文法判断では結果が量的には異なることを示している。しかしここで論点になっているのは蓄えられた情報へのアクセスに，認知的なプロセスと感情的なプロセスという独立した2つの経路を想定することが妥当であるか否かである。そのためには両課題

における反応の質的な違いの有無を検討する必要がある。分散分析の結果，課題要因の主効果が得られたものの，課題要因に関連する交互作用はなかった。この結果は単純に文法判断のほうが選好判断より成績がよいことを示す結果であり，ここから「質的」な違いを見出すことは困難であった。

さらに選好判断と文法判断が同じ基準に基づいて実施されていたかを検討するため，正答誤答を問わず同じ文字列対に対する課題間の選択パターンに相関があるかどうかを検討した結果，比較的高い正の相関が得られた。この結果は，同じ文字列対に対して，「好きなほうを選択するように」問われた場合と，「規則に従っているほうを選択するように」問われた場合とでは同じように判断しており，異なる基準に基づいた判断をしていると想定する必要のないことを示している。つまり，「好きなほう」を聞いたからといって，そのときに限って特別なプロセス（たとえば感情プロセス）を経由しているとはいえない結果だと解釈できる。反対に，「感情プロセス」の存在を前提としてしまえば，それは文法判断の際にも用いられていたといえる。

以上の結果から2つの判断の背後では感情プロセスと認知プロセスという別々のプロセスが独立して機能している，ということを積極的には主張できないことがわかった。

■■■ 4 ── 説明に「感情」という概念を導入するということ：結語にかえて ■■■

本章では，単純接触効果と潜在学習の対比から，行動指標に基づく心理実験によって，「感情」や「認知」といった複数の内的メカニズムの存在を検証する際には細心の注意を払うべきということを主張した。むろん，前述したように，皮膚電位反応などの，ある程度確立された指標を用いて「感情」あるいは「情動」といった概念が操作されていることを適切に示しながら議論することができれば，それは高い説得力をもつのかもしれない。しかしそうした場合であっても限界があることに注意が必要である。なぜなら，前述したマンドラーらの研究の例を用いれば，「明るさ」をたずねたときにも，「選好」をたずねたときと同様に皮膚電位反応が検出されてしまう可能性があるからである。もしそのような結果が得られてしまったら，いったい何を測っていたのか，再度検

討し直す必要が生じることから，別の指標もあわせて検討しておく必要があるだろう。

　そもそも「感情」とはいったい何であるのか。どのように定義するのか。問題はそこにあるといえるのかもしれない。こうした議論をなおざりにして，単に「好きな」ほうを選ばせたからといって，そこからすぐに「感情」という概念を前提とした議論を始めてしまうと実際に実験結果として得られたものが何であるのか，本質を見誤ってしまうだろう。単純接触効果と潜在学習という非常に類似した現象が統一的に説明されてこなかった背景には，こうした配慮が欠けていた可能性があるのではないかと考えられる。単純接触効果について，ひいては両現象を理解するためにも再度，実験場面で観察された行動を冷静に記述する必要がある。

6章

単純接触効果と意思決定

　単に繰り返し見聞きさせるだけで知覚者にその対象への選好を形成させることができる。この現象は単純接触効果と呼ばれ，ザイアンス（Zajonc, 1968）以来，さまざまな材料と手続きを用いてこの現象の諸側面が検討されてきた（レビューとして，Bornstein, 1989；Harrison, 1977）。特に，見たり聞いたりした意識的な記憶が伴わない対象についても選好が示されるという知見は多くの研究者の関心をひきつけてきた（Kunst-Wilson & Zajonc, 1980；Moreland & Zajonc, 1977；Wilson, 1979）。

　人は自分の選択や選好が受けている影響を望まなければ，意識的な修正を施すことで，その影響を取り除くことができる。しかし，影響にさらされていることに気がつくことができなければ，一定の方向に誘導された好みを修正する動機をいだくことはないだろう。また，自らの好みが受けている影響やその影響源に気がつくことができなければ，好みの理由をたずねられても，それらを正確に報告することは困難であろう。反復呈示を受けた意識的な記憶が伴わない対象についても選好が示されるという知見からは，選択者は，反復呈示による影響を受けたことに気がつかないまま，対象への選好を示し，それを選ぶことがあることが示唆される。選好が受ける影響やその影響源に気がつくことができないとき，人は対象への好みをどのように選択に反映させていくのだろうか。本章では，反復呈示から受ける影響への自覚が，対象に選好を示したり選択を行う過程に果たす役割を検討する。最初に，人が自らの選好を左右する要因を特定するとき，それらを自覚することができず，他の要因と真の要因を取り違えることがあることを概観する。次に，選好の規定因の取り違えが個人の選好判断に及ぼす影響を単純接触効果研究の枠組みの中で考察する。最後に，選好の規定因の取り違えが単純接触効果の現れ方に与える影響を直接的に検討した実証的知見を報告する。

■■■ 1 ── 言語報告はあてにならない ■■■

　普段の生活の中で，選択や好みの理由を求められる機会は少なくない。なぜその商品を買ったのか，なぜその異性を選んだのか，ある対象に向けた好みや選択について，その理由を言葉で説明することが求められる。心理学の研究においても，インタビューや質問紙によって，ある対象への好みや選択の理由をたずねることはよく行われる。日常生活においても心理学研究においても，回答者の言語報告を通じて選択や選好の原因を探るとき，質問する側は回答者が自らの選択過程を正確に把握し，それを報告することができることを前提にしているといえる。しかし，この前提は正しいのだろうか。たしかに，多くの場合，選択や好みの理由をたずねたとき，回答者はいかにももっともらしい理由を述べることができる。しかし，そのような言語報告はしばしば，実際の原因とかけ離れていることが多くの研究で確認され（レビューとして，Nisbett & Wilson, 1977），回答者の自己報告に頼った調査の限界や問題点が指摘されてきた。

(1) 選択後に報告される理由

　ウィルソンとニスベット（Wilson & Nisbett, 1978）は，人が自らの選択や好みが受けている影響やその影響源をしばしば自覚していないこと，また，選択や好みを実際とは異なる要因に基づいて説明する傾向があることを複数の実験によって示している。たとえば，一般の買い物客を対象とした店頭での実験では，商品の位置が買い物客の商品選択に与える影響とその自覚について検討している。彼らは，買い物客に，4つのテーブルに置かれたストッキングからもっとも品質のよいものを選択するように求めた。ただし，このとき用意されたストッキングはすべて同じものであった。その結果，手に取る順番があとになる位置に置かれたストッキングほど選ばれやすくなることが確認された（左のテーブルから右のテーブルに移動しながらストッキングを比べた買い物客は，右に置かれているストッキングほど選択した）。しかしながら，買い物客は，こうした位置による影響を自覚していないことが示されている。すなわち，選

択理由をたずねたところ，ほとんどすべての買い物客は，伸縮性などの品質の優劣に基づいて選択を行ったと説明し，商品の位置が自らの決定に影響を与えた可能性を自発的に言及することがなかったのである。さらに，商品の位置が選択に影響を及ぼした可能性を直接的にたずねても，ほとんどの買い物客はそれは自分には当てはまらないとして，その可能性を否定したことが報告されている。

さらに，近年の研究は，人は自分が意図しなかった結果でさえ，自分の意図が引き起こしたかのように理屈づけることがあることを示している。ヨハンソンら（Johansson et al., 2005）は，実験参加者に2枚の女性の写真を見せて，より魅力的な女性を選ばせるとともに，選んだ理由をたずねた。実験者は参加者に写真を手渡して選択理由を述べさせたが，このとき，実際に選ばれた写真ばかりでなく，すり替えたことに気づかれないように，選ばれなかった写真も手渡した。その結果，参加者は，選んだ写真を受け取ったときばかりでなく，選ばなかった写真を受け取ったときも，あたかも自分が意図して選んでいたかのように，その女性の魅力を語り，選んだ理由をもっともらしく説明したことが報告されている。

(2) なぜ言語報告はあてにならないのか

人の認知・行動システムは，本人による意識化や言語化が容易な顕在的過程と，本人にも自覚されない潜在的過程によって成り立つ。選好の判断ばかりでなく，知覚，記憶，学習，運動など，どんな活動であれ，たえずそこでは膨大な情報の処理が行われており，そのほとんどが意識化されないままである。意識化されるのはそのごく一部であり，多くの場合，好きか嫌いかといった，処理の結果だけである。つまり，ある対象を好きだと感じたとしても，それを好きだと感じるに至ったプロセスは当人に自覚されることはほとんどないのである。こうした自覚の欠如は，選択者が自らの選択や選好の理由を正しく説明することを困難にする。選択の理由をたずねられた選択者は，選択とは関連のない要因に注目し，実際に選択を左右している重要な要因を見逃すことになるのである。いくつかの研究から，選択や選好の規定因への自覚を欠いた選択者は，それらの理由を報告するように求められたとき，いかにも原因のように見え，

言葉に表すのが容易で，記憶の中で利用しやすい要因に注目する傾向があることが見出されている（Wilson & Schooler, 1991；Wilson et al., 1995；Wilson et al., 1993）。こうした要件を満たさなければ，実際に選択や選好を左右していても，その要因は選択者が原因と考える候補から漏れやすくなる。逆に，実際に選択や選好を左右していなくても，このような要件を満たす要因が容易に利用できる環境では，真の規定因は見落とされやすくなるのである。

(3) 選択前に報告される理由

　選好の原因の取り違えは，選択を終えた者に理由をたずねるときばかりでなく，選択をこれから行う者に理由をたずねるときにも確認される。これらの研究は，選択の前に，対象への好みが何によってもたらされているのか，その理由を丹念に分析・記述することを求め，実験参加者が自分の好みの規定因を正確に把握することができるかを検討する（Dijksterhuis, 2004；Dijksterhuis et al., 2006；Wilson & Schooler, 1991；Wilson et al., 1995；Wilson et al., 1993）。選択をする前に慎重に自分の好みの理由を分析・記述することは，決定の質を高め，大きな満足をもたらすと一般に考えられやすいが，これらの研究から，必ずしもそうはならないことが明らかにされている。たとえば，ウィルソンら（Wilson et al., 1993）やダイクテルハウスら（Dijksterhuis et al., 2006）は，商品選択などの意思決定課題において，選択肢への好みを意識的に吟味した群は，吟味しなかった群と比べ，選択の質や満足が低下することを見出している。彼らの実験に参加した者は，自分の好みを規定する要因を正確に特定することができなかったと思われる。何が自分の好みにとって重要であるのか正しく特定することができるのであれば，理由の分析は正確な自己洞察をもたらし，決定の質を高めることに寄与する。しかし，何が重要なのかがわからなければ，理由を分析・記述することで，選択者は自分自身を混乱させてしまうのである。これらの研究の参加者は，理由を分析しなければ気にもとめなかった属性に目を奪われ，実際には自分の好みにとって重要でない属性にふりまわされた決定を行ってしまったといえる。

■■■ 2 ── 反復呈示が選好に及ぼす影響への自覚 ■■■

　選択と選好は実に様々な影響源から影響を受けるが，自らの選好がどのような影響にさらされているのかに関して選択者が認知する内容も，選択を行う際の重要な要因として機能する。不当な訴求を受けたと感じる者は，そのはたらきかけに対し抵抗することを試みるし（Sagarin et al., 2002），他者から選択を強制されるなどして選択の自由を奪われたと感じる者は，その対象に選好を示したり選択を行うことに反発する（Brehm, 1966）。単純接触効果に関する研究においても，反復呈示を受けた自覚は，反復呈示が選好に与える効果を割り引くことが確認されている。たとえば，ボーンスタインとダゴスティーノ（Bornstein & D'Agostino, 1994）は，実験参加者に，これから評価する対象がすでに呈示されたものであるという情報を与えると，その対象に示される選好が弱まることを確認している。また，ボーンスタインとダゴスティーノ（Bornstein & D'Agostino, 1992）は，閾下で呈示された刺激に示される選好と比べ，閾上で呈示された刺激に示される選好のほうが弱くなることを確認している。これらの知見は，反復呈示の操作を受けた自覚は，反復呈示を受けた者にその影響を避けようとする動機を与え，対象に示す選好を割り引かせることを示唆する。繰り返し同一対象を呈示するという実験上の操作は，反復呈示を受けた者に，選好を誘導しようとする呈示者側の意図を多かれ少なかれ感じさせ，こうした意図を避ける反応を採用させやすくすると考えられる。

　しかし，こうした選好の修正を導く動機は，単に反復呈示を受けたことを自覚するだけでは引き起こされないだろう。反復呈示を受けた自覚があったとしても，そのことによって自らの選好が影響を受けていると考えない者は，自らの選好を修正しようとする動機をもつことはないからである。さらに，反復呈示を受けた自覚があったとしても，反復呈示以外の要因が選好を左右しているように見えれば，選択者は，実際には選好には影響をもたない要因に基づいて自らの選好を理由づけることも考えられる。

　店頭である洗剤を手に取った買い物客に，その洗剤を気に入った理由をたずねる場面を想像してみよう。実際にはテレビコマーシャルなどでその商品を繰

り返し見聞きしたことが、その商品を魅力的に感じるようになった最大の原因であったとしても、買い物客は、「他の商品と比べて汚れや臭いを落とす効果が気に入ったからその洗剤を選んだ」あるいは「値段が安いから選んだ」といった説明をするかもしれない。現実の選択場面では、対象の魅力をもっともらしく説明する手がかりがあふれており、選好の規定因への自覚を欠いた人は、自らの選好を規定する原因を誤った要因に求めてしまう可能性が考えられるのである。

選好の規定因を取り違えた選択者は、実際の規定因を正しく同定できた場合とは異なる意味づけを自らの選択に与えるだろう。たとえば、実際の規定因と取り違えられた要因が、選択や選好に対して合理的な理由を与えたり、心理的に抵抗なく受け入れることができるものであれば、選択者はその選択を行いやすく感じるだろう。シェフィルら（Shafir et al., 1993）は、選択に直面したとき、決定者はその選択を正当化しやすい属性をもつ選択肢を選びやすいことを指摘している。彼らの議論の範囲は選択を正当化する属性が実際にその選択肢の魅力を高めている選択状況に限定されているが、実際にその選択肢の魅力を高めていない属性であっても、これらの属性が選好を正当化する理由をもたらすとき、選択者がその選択肢を選びやすくなることは十分ありえるだろう。

■■■ 3 ── 反復呈示から受ける影響の自覚の欠如と影響の受容 ■■■

以下では、反復呈示から受ける影響への自覚とその因果的理解が、商品の選好判断に及ぼす影響を検討した実験（山田・外山, 2006）を紹介する。この実験では、反復呈示の影響力について受け手がどれほど気づいているのか、また、そうした気づきと関連して、対象への選好をどのような形で選択行動に反映させるのかについて、家庭用洗濯洗剤を材料に用いて検討した。

具体的には次のような仮説がたてられた。商品ロゴの反復呈示はその洗剤への選好を形成させる。反復呈示から受ける影響が自覚されていなければ、選択者は、ロゴの反復呈示に誘導された選好を洗剤の効果（たとえば、洗浄力）など別の要因によって理由づけやすくなるだろう。原因と取り違えられた要因が特定の洗剤を選択するもっともな理由を提供すれば、選択者がその商品へ示す

選好は強くなるだろう。実験では，このようなもっともな理由が利用できる条件と利用できない条件を設定し，反復呈示の影響の強さを比較した。

　材料には複数の架空の家庭用洗濯洗剤を用いた。洗剤は商品ロゴと商品効能のメッセージの2属性からなった。最初に，参加者に，半数の商品ロゴを多く，残り半数を少なく反復呈示した。次に，高頻度呈示洗剤と低頻度呈示洗剤をペアにし，購入したいと思うほうを選択させた。このとき，ロゴの良し悪しのみで商品を比較する条件と，ロゴ以外にその商品の優劣を左右するようにみえる情報（メッセージ）が新たに付加される条件を設定した（図6-1）。なお，比較される2つの商品それぞれに付加されるメッセージの魅力度は等しくなるように操作した。選択課題が終了した後，選択の決め手になったのがロゴとメッセージのどちらであったか，選択の理由を回答するように求めた。

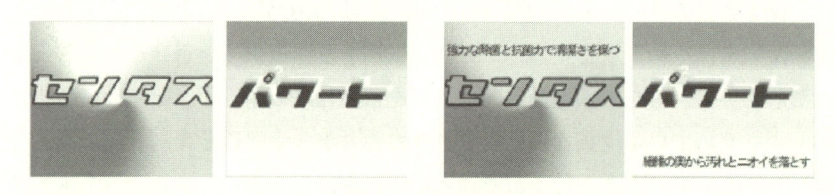

図6-1　実験刺激の例
選択フェーズでメッセージの有無が操作された。反復呈示フェーズでは両群ともにメッセージのないパッケージが呈示された。

　その結果，呈示頻度の高いロゴの洗剤は多く選ばれ，ロゴの反復呈示は商品への選好を強めたことが確認された。さらに，予測と一致して，メッセージが付加された条件で，この傾向が顕著になることが確認された（表6-1）。選択理由と選択行動の関連の分析からは，メッセージの良し悪しを選択の決め手としたと回答した場合においても，参加者はロゴが多く呈示された洗剤を選んでいることが確認され，選好を規定していた要因や自らの選択の仕方を正確に把握できていなかったことが示唆された。

　選択者は反復呈示によって好みが強められた洗剤を選ぶとき，その洗剤の魅力の原因を洗剤の効果にしばしば帰属していたといえる。洗剤の効果の優劣に基づいて商品を選択したという思い込みは，洗剤のデザインだけに従って商品を選択する場合よりも，選択者に自分の選択を正当化しやすくしたと考えられる。

表6-1　高額度呈示ロゴ洗剤の選択率

メッセージなし	メッセージあり
58.9（16.8）	70.7（16.2）

＊括弧内は標準偏差

　実験で得られた結果からは，選好の真の原因と取り違えられた要因は，その選択を正当化する理由を提供するとき，しばしば選択を後押しすることがあることが示唆される。別の言い方をすれば，選好の規定因の取り違えが，実際の規定因から受ける影響を強めることがあるともいえるだろう。

■■■ 4 ── まとめ ■■■

　自らの選択や選好がさらされる影響に気がつくことができなければ，その影響に対処することはできない。実際とは異なる原因や理由によって自らの行動を理解してしまえば，他者やその他の外的要因から受ける影響は本人に正確に把握されないまま受け入れられ，影響が持続することになる。広告の効果に関する不正確な信念をもった人が，広告から受ける影響を避けようとしながら，逆に効果の高い広告に自らをさらしてしまっていることを指摘する研究もある（Wilson et al., 1998）。自らが受けている影響の程度についての信念や影響への気づきの程度は，選好や選択を誘導しようとするさまざまなはたらきかけの成立およびその成立の仕方を左右する重要な要因となる。

　本章で紹介した研究は，選好や選択に向けられた社会的影響への自覚とその受容のあり方を探るツールとして単純接触効果を利用したということができるだろう。単純接触効果を，他者またはその他の外的要因によってはたらきかけられる社会的影響の受容過程を探るツールとして利用することで，研究のさらなる発展が見込まれる。

Ⅲ

単純接触効果と周辺領域

7章

感性研究と単純接触効果

　私たちは，視覚・聴覚・触覚・味覚・嗅覚など多様な感覚モダリティを通して外界を知覚し，認識する。それには，美しさ，心地よさなど豊富な印象と感情が伴い，認識を色鮮やかで現実感あるものに染め上げる。私たちはそれらの印象が外界からどのような情報を抽出し統合して得たものか無自覚でありながら，感受した印象は取り巻く世界の彩りをリアルに再表現し，その一部は言語化される。このように感覚モダリティを通して直接的に喚起され，感情あるいは情緒と深い結びつきをもつ印象を本章では感性印象とし，こうした印象を生成する心のはたらきを感性と呼ぶ。

　本章では，感性の仕組みにおける感覚モダリティの特性を論じ，両者の関係について単純接触効果の手法を用いてアプローチした試みを紹介する。

■■■ 1 ── 感性とは？ ■■■

　感性は，古くは哲学において，理性・知性に対する概念として，感官さらには情念のはたらきを概括的にとらえる語として，そしてそれは，人間の現実感覚や認識・認知に不可欠なものと考えられてきた。ギリシャ語の美学を意味する'アイステーシス（aesthesis）'をもとに発展した美学の流れをくみ，19世紀には，人々が芸術作品から得る感情や喜び，つまり'美的感覚'について検討する実験美学が生まれ，心理学における感性研究が本格的に始まったといえよう。

　しかしながら，ごく最近までこうした研究領域は芸術心理学と呼ばれ，感性

の研究としてはとらえられてこなかった。感性という名のもとでさかんに研究が進められるようになったのは，1992年の文部省重点領域研究「感性情報処理の情報学・心理学的研究」プロジェクトを中心とした，ここ最近のことである。感性研究は芸術心理学ときわめて近い，もしくは，感性は美感を内包するともいえるが，しかし両者は同義ではない。研究者によって若干の違いはあるにせよ，近年の心理学的感性研究に基づき（三浦，2000；行場・箱田，2000），本章では'感性'を次のようにとらえる。感性は，あらゆる事物に対して'快－不快'をその中心として'美しい''心地よい'などの情緒的または美的な印象や感情を無自覚的・直感的に感受する，またはそうした印象や感情を喚起する事物を創造する心的機能である。

感性研究は，多様な対象について，多変量解析による印象の分析・印象構造次元の抽出，それらの実験的検討，さらには製品開発場面での応用など，心理学にとどまらず，さまざまな展開をみせている。また，近年のニューロイメージングの発展により，美感を感受する脳内基盤を明らかにする神経美学の隆起など，神経学的側面からの検討も進んでおり（Zeki, 1999；Livingston, 2002；Solso, 1994, 2000, 2003；Kawabata & Zeki, 2004），人の感性機能の解明に向けて精力的な検討がなされている。

■■■ 2 ── 感性的評価における感覚間相互作用 ■■■

心地よい－不快な，好き－嫌いなどの感性的評価は，「この音楽は心地よい」，「この絵が好き」などのように，視覚，触覚，聴覚などの単一の感覚モダリティからの入力に対してなされる場合と，表情と声から人物の印象を判断するときのように，複数モダリティからの入力に対して判断を行う場合がある。

神経科学的研究では，視覚芸術（Kawabata & Zeki, 2004），強い快楽感情を引き起こす音楽（Blood & Zatorre, 2001；Blood et al., 1999），さらには魅力的な顔（O'Doherty et al., 2003），快適な香りと肌触り（Rolls, 2004）など感覚モダリティの異なる種々の快刺激によって，前部帯状回や眼窩前頭皮質などの特定領域が共通して賦活することが報告されている。これらの部位は，おそらく感性的な処理の中心機能を担っており，単一モダリティでの感性処理にと

どまらず，複数の感覚モダリティからの入力を調整している可能性もあるだろう。

一方，単一モダリティでの感性処理に比べ，感覚モダリティ間の好意感情や美的感情の生成システムの検討はそれほど多くない。刺激が入力される感覚モダリティを変化することによる印象生成への影響について調べた研究（Lindauer et al., 1986；Lindauer, 1986）では，セラミックでできた立体刺激について，それを見る場合（視覚）と，触る場合（触覚），さらに両モダリティで判断する場合に，それらの美的印象がどのように変化するか検討した。その結果，視覚・触覚間では，刺激に対する反応時間には違いがあるものの（知覚から印象の描写までの時間が視覚のほうが短い），印象内容の変化はほとんどみられない。著者らは，これらの結果について，ギブソン（Gibson, 1979）の主張と同様に，感覚モダリティに関わらない共通の属性，いわゆる不変項が内在しているために，モダリティの違いにかかわらず類似した印象が生成されるとしている。

心理学で古くから用いられている印象測定法であるセマンティック・ディファレンシャル法（SD法；複数の形容詞尺度で対象の印象を測定し，多変量解析を施して印象を構成する因子を抽出する手法）を用いた種々の研究では，対象の感性的な印象は，主として評価性（好き－嫌い），活動性（動的な－静的な），力量性（強い－弱い）の3つの次元で記述することができ（図7-1），この3次元は，感覚モダリティを超えて共通に存在すると主張されている（Oyama et al., 1998；Takahashi, 1995；大山ら，1993）。また，最近ではイメ

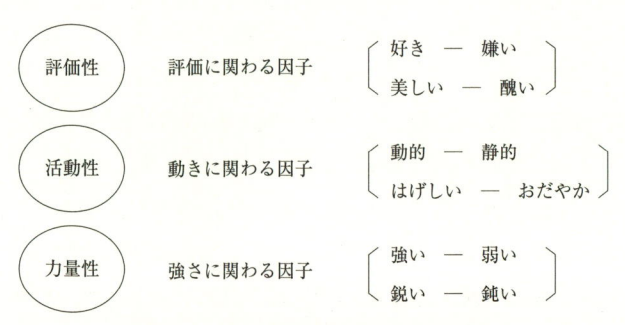

評価性	評価に関わる因子	好き － 嫌い 美しい － 醜い
活動性	動きに関わる因子	動的 － 静的 はげしい － おだやか
力量性	強さに関わる因子	強い － 弱い 鋭い － 鈍い

図7-1　感性印象を構成する主要3次元

ージング手法を用いた研究から，3つの次元に対応した神経基盤の存在が示唆されている（Suzuki et al., 2004, 2005；Skrandies et al., 2004；Skrandies & Chiu, 2003；Skrandies, 1999, 1998；Chapman et al., 1980；Chapman et al., 1978）。

もし，入力モダリティの変化に伴い対象の印象が急激に変化してしまったら，我々はそのつど対象をアップデートしなければならず，きわめて非効率的である。前述の3つの次元に代表されるような共通の印象生成基盤が存在すれば，入力モダリティに左右されずに安定した印象生成が可能となり，効率的でスマートな感性処理ができる。しかしながらその一方で，もし類似した印象が感覚モダリティにかかわらず喚起されるなら，現実場面ではなぜ種々の感覚モダリティに依存した芸術が存在し，人々に多様な喜びを与えるのか。また言語による印象出力では同じでも，内的に生じている印象が違う可能性はないのかなど，根本的に追求すべき課題は積載している。

さて，前述の研究では，同一刺激を別の感覚モダリティで入力した場合の印象比較であるが，それに対し，異種刺激の同時入力によるクロスモーダルの交互作用や統合効果も検討されている。

音楽刺激を同時に呈示した場合の絵画の印象を複数の形容詞尺度で測定した研究では（Lindner & Hynan, 1987），前衛的な音楽とミニマルミュージックを聴いた場合，絵の評価や動きに関わるような印象は，音楽そのものの印象方向へ変化をみせたが，作品のインパクトに関わるような印象は，女性では絵画の印象評定は音楽と類似し，男性はその逆を示すことが報告されている。また別の研究では，音楽刺激とビデオ刺激の両者の印象内容が一致している場合は互いの印象に影響を及ぼすこと（Iwamiya, 1994），音楽のリズムによって環境の視覚的な印象がリズムのもつ印象方向に変化すること（Iwamiya, 1997）などが示されている。

表情と声を用いたクロスモーダル効果の研究では，音声が表情認知に影響を及ぼすことが報告されている。たとえば，ニュートラルな表情は，与えられた音声刺激の感情特性のほうに印象が変化し，音声刺激を無視するように教示しても効果があらわれるという（Dolan et al., 2001；Vroomen et al., 2001；de Gelder & Vroomen, 2000）。

視聴覚のみならず，視覚と嗅覚の相互作用を検討した研究では，人物の印象に香水が影響を与えるとし，香水を身にまとった女性は男性からの評価が高くなり（Baron, 1981），さらに，香水の印象構造の違いで，人物の性格が異なって知覚されることが報告されている（Fiore, 1992）。

以上の知見を考慮すると，視覚刺激と聴覚・嗅覚刺激を組み合わせた場合など，複数モダリティから刺激が入力されると，それらの情報は統合されて印象形成がなされ，印象変容は相互に生じていると考えられる。また，両者の内容の一致性や印象の質的側面など複数の要因が効果に影響するといえるが，その法則性やメカニズムについてはいまだ十分な検討はなされていない。

■■■ 3 ──好意判断と単純接触効果 ■■■

感性の重要なはたらきの1つである，好意判断（ある刺激について'好ましい'という感性印象が喚起されるかどうか判断すること）は，種々の要因がその発生に寄与するといわれている（'好ましさ'は，感性印象として扱われる場合だけではなく，感情として扱われる場合もある。感性の仕組みと感情機能には重複もしくは密接な関係をもつ部分があると考えられるが，両者の関係性についての明確な議論はまだない）。好ましさを決定するそれらの要因は，外的要因と内的要因の大きく2つに分けることができる（図7-2）。

外的要因，つまり好ましさを決定する刺激側の要因としては，刺激の対称性（Mealey et al., 1999；Grammer et al., 1994），典型性（Winkielman et al., 2006），複雑性（Rentschler et al., 1999），さらに進化的に有益な特性（evolutionally beneficial cues；たとえば，表情でいえば，大きな目や大きな鼻など）（Eibl Eibesfeldt, 1988）があげられる。また，刺激の新奇性（novelty）と親近性（familiarity）も重要な要因である。新奇性は，すなわち'目新しさ'であり，個々人の予測を覆す新しさである。適度な新奇性をもつ商品に我々は心を奪われるが，あまりに新奇性が高いと，奇抜すぎて敬遠される。一方，親近性は，親しみやすさやなじみ深さであり，親近性が高いと安堵感を伴った好ましさが喚起される。しかし，あまりに親近性が高すぎると刺激に飽きてしまい，逆に好きではなくなる場合もある（Berlyne, 1970）。日常場面での，好み

7章 感性研究と単純接触効果

```
┌─────── 外的要因 ───────┐      ┌─────── 内的要因 ───────┐
   (対象となる事物の要因)              (対象を感受する受け手の要因)

   対称性

   複雑性                          パーソナリティ特性

   典型性                          芸術能力の訓練経験

   進化的に有益な特性
      e.g., 大きな目や鼻など         大脳半球機能差

   新奇性  目新しさ，意外性

   親近性  なじみ深さ，親しみ
```

図7-2　対象の好ましさを決定する要因

の判断は，新奇性と親近性の程度に大きく影響を受ける。

一方，内的要因，つまり好意判断を行う受け手側の要因も，好みの判断に影響を及ぼすという。たとえば，パーソナリティ特性（Furnham & Walker, 2001；Eysenck, 1972），芸術能力の訓練経験（Winston & Cupchik, 1992），大脳半球の機能差（Levy, 1976）などがあげられる。

このように，数多くの要因が好意判断には関わると考えられている。それだけ人の好みというのは，多様な側面をもつきわめて複雑な心的機能なのだろう。そのため，好意判断の発生メカニズムは実験的検討が難しく，現在でも科学的に扱いにくい問題ととらえられることが多い。

しかしながら，その一方で，好意判断に関して繰り返し安定して確認されている頑健な効果が存在する。それが，本書の主たるテーマである単純接触効果（mere exposure effect；Zajonc, 1968）である。この効果は，新奇な刺激に繰り返し接触することによって好意度が増加する現象で，種々の刺激・文化において，その存在が報告されている（Bornstein, 1989）。一般に，比較的少ない刺激呈示回数の接触でも強い効果が得られ（Bornstein, 1989），また，接触を閾下で行ったほうが閾上より強い効果を生むなど，好意判断が認知機能と独立

であることを示唆する現象としても知られている（Monahan et al., 2000；Murphy et al., 1995；Zajonc, 1980）。

発生メカニズムについては諸説あるが，代表的なものとして，接触することにより安全であるとの条件づけがなされ，相対的に既知の刺激への好意度が上昇する古典的条件づけによる説明（Zajonc, 2001）や，刺激に繰り返し接触することにより，意識を伴わない感覚レベルでの知覚的流暢性が促進され，その結果好意度が増加する，などの考えがある（Jacoby & Dallas, 1981；Bornstein & D'Agostino, 1992）。また，一般に，再認成績とは関係がないこと，刺激を閾下呈示した場合にも効果が得られることから，潜在記憶によってもたらされる現象であるとも考えられている（Seamon et al., 1995；生駒, 2005）。

今日まで，この頑健で興味深い効果は，記憶，対人関係，広告などさまざまな文脈で議論・検討されてきた。しかし，不思議なことに，感性研究の源流の1つである芸術心理学ではほとんど議論がなされてこなかった。複雑な芸術作品は，顔写真，文字など他の刺激に比べ，単純接触効果が生じにくいとの報告もあり（Bornstein, 1989），その後の展開をみせなかった可能性もある。しかし，現在の感性研究は，芸術作品に限らずあらゆるものに対する好意判断を扱い，その応用可能性はとどまるところを知らない。多様な刺激に対する単純接触効果について検討し，効果の生起要因について明らかにする必要がある。

■■■ 4 ── 単純接触効果と感覚間相互作用 ■■■

前述してきたように，好意判断に代表される感性的評価は，感覚モダリティ間で互いに影響を及ぼし合って，統合的な判断がなされていると考えられる。ゆえに単純接触によって引き起こされる好意感情の増幅が，異種感覚モダリティ間でも生じる可能性がある。しかしながら，単純接触効果についての，これまでの研究を見渡すと，視覚，聴覚，嗅覚など，個々の単一モダリティでの検討はあるものの（Bornstein, 1989），複数の感覚モダリティをまたいだ研究は見当たらない。その一方で，幼児を対象にした感覚間転移効果の研究では，選好注視の手法を用いて，単純接触効果と類似した現象が報告されている。

メルゾフとボートン（Melzoff & Borton, 1979）は，形態の異なる2種類の

おしゃぶりを使って（図7-3），視覚－触覚間のクロスモダルマッチングの課題を行った。その結果，1歳未満の幼児でも一度舐めたおしゃぶりのほうを，舐めていないものに比べ長く注視することを明らかにし，形態のクロスモダルマッチングは，発達のきわめて初期の段階で生じることが示唆されている。また，近年行われた同様の実験では（Streri & Gentaz, 2003；Streri & Molina, 1993；Streri, 1987），さまざまな形をした立体を用い（図7-3），新生児でも一度触った刺激をその後の視覚呈示時に選好注視することを報告している。これらの視覚－触覚間の転移効果の研究では，触覚から視覚への転移がほとんどで，その逆，すなわち視覚から触覚への転移はあまり報告されておらず，非対称性がうかがえるが，その理由についてはよくわかっていない。

このように，発達の初期に，触覚での接触を経たのちに，その対象を好んで注視するという現象は，好意判断において異種モダリティ間の相互作用が存在することを示唆する。ただし，これらの研究は，単純接触効果と類似した手法を用いてはいるものの，あくまで感覚間転移の効果，すなわちあるモダリティで知覚した物体を別のモダリティで再認できるかを検討した研究であり，好意そのものを検討しているわけではなく，結果の解釈は慎重に行う必要がある。

一般に，単純接触効果の研究では，大人は見覚えのあるなしにかかわらず既知の刺激を好むのに対し，子供は新奇な刺激を好む傾向が強いため単純接触効果は生じにくいとされている（Bornstein, 1989）。単純接触の手法を用いて，再認と好みの関係を発達心理学的に検討した研究（上原，1998；Uehara, 1999）では，4，5歳児を対象に，視覚－触覚間での3次元刺激に対する再認成績と刺激に対する好ましさを測定した。その結果，4歳児では，再認ができ

図7-3　実験で使用された立体刺激
　　　　（Melzoff & Borton, 1979（左）；Streri & Molina, 1993（右））

III──単純接触効果と周辺領域

た場合は一度触った旧刺激を好み，再認ができない場合は新刺激を好むという結果が得られた。一方，5歳児では，再認成績にかかわらず，旧刺激を好むという。4歳児でみられた，「再認ができない場合に新刺激を好む」という現象は，意識的な再認とは別に意識下でなんらかの刺激の弁別ができていることを意味する。この研究では4歳児以下についての検討はなされていないが，発達の初期段階では，意識上の再認と意識下の刺激弁別という2つのシステムが，異種モダリティ間での好みの決定に影響を及ぼしているのかもしれない。

さて，ここまでは幼児を対象とした研究を中心に，異種モダリティ間の転移効果と好ましさの関係を推察してきたが，それでは，大人の場合はどのようになるのだろうか。残念ながら，前述したように，大人を対象とした異種モダリティ間の単純接触効果はこれまでほとんど検討されていない。しかし，最近，鈴木と行場（Suzuki & Gyoba, 2008）によって，視覚-触覚での単純接触効果が報告された。

実験参加者は，図7-4に示したような，新奇な立体刺激について，視覚もしくは触覚で単純接触し，その後，接触時とは違う感覚モダリティで好意判断を行った。視覚で刺激に接触し（目でみる），1～3日後に触覚で好意判断を行う群（Visual-Touch, VT条件）と，触覚で接触し（手で触る），視覚で好意判断する群（Touch-Visual, TV条件）を実験条件とし，両課題を同一モダリティで行うVV（Visual-Visual）とTT（Touch-Touch）条件の4条件で実験を行った。なお，いずれの条件も，好意判断後に，以前に接触した刺激かどうかを

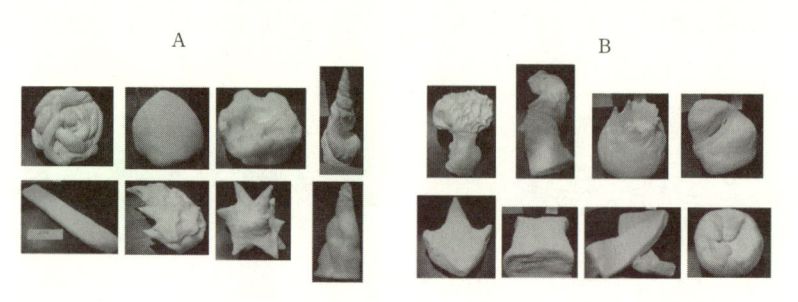

図7-4 鈴木と行場（Suzuki & Gyoba, 2008）で使用した立体刺激
実験参加者は，AかBいずれかの刺激セットに視覚か触覚で接触したのちに，異なるモダリティでA, Bすべての刺激について印象判断を行った。

7章 感性研究と単純接触効果

「はい」か「いいえ」で答える再認課題が行われた。その結果，TT条件とVT条件では，接触していない刺激（ディストラクタ刺激）に比べ，あらかじめ接触した刺激（ターゲット刺激）がより好まれることがわかった。それに対して，VV条件およびTV条件では，両刺激間で好意度に差はみられなかった（図7-5）。また，再認成績と好意度評定値の両者には関連がないこともわかった。

これらの結果は，単純接触効果が異種モダリティ間で生起することを示すものである。またそれと同時に，視覚で接触した後に触覚で判断する場合にのみ好意度の増加がみられ，逆の場合には，好意度の増加は得られない，すなわち，異種モダリティ間の単純接触効果には非対称性があることを示している。その理由について，鈴木らは，第1に，視覚→触覚条件では，触覚での好意判断時に目隠しを行ったため，視覚での判断時に比べて，実験参加者の状態不安が相対的に高められ，その結果として，既知の刺激についての好意度が上昇した可能性をあげている。これは，前述した，接触することにより安全であるとの条件づけがなされ，相対的に好意度が上昇するというザイアンス（Zajonc, 2001）の古典的条件付けによる説明と一貫するものである。次に，2つ目の理由として，視覚と触覚の感性的な情報に対するセンシティビティの違いの影響につい

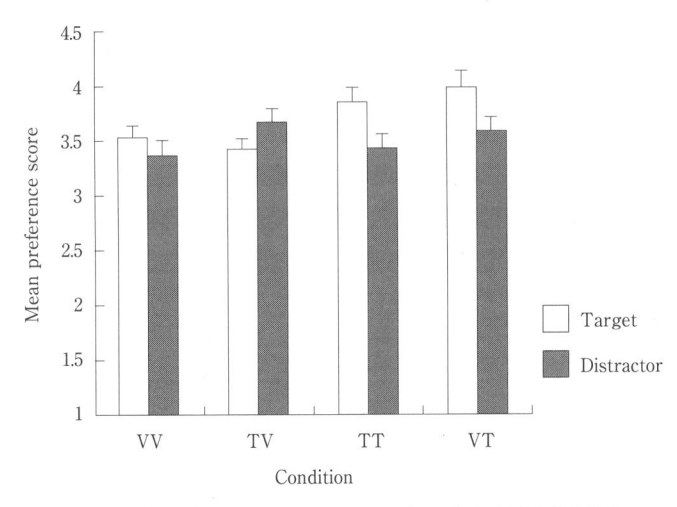

図7-5 鈴木と行場（Suzuki & Gyoba, 2008）の好意度評定値の結果
TT条件（触覚で接触し，触覚で好意判断）およびVT条件（視覚で接触し，触覚で好意判断）を行った場合にのみ，あらかじめ接触したターゲット刺激への好意度が上昇している。

て考察がなされている。視覚は外受容性の感覚器官であるのに対し,触覚は外受容性と内受容性の両特性をもち,感情生成の基盤である内臓感覚や自己受容感覚をつかさどっている (Damasio et al., 2000 ; Critchley et al., 2004 ; Nahm et al., 1993)。こうした違いが具体的にどのようなメカニズムで影響するかは,現段階では明らかではないが,各モダリティの感性処理での特性の違いが,異種モダリティ間での非対称な好意感情の増幅に影響する可能性は十分あるとして,今後の研究可能性が示唆されている。

また,通常,単純接触効果が生起する視覚条件(VV条件)において鈴木と行場 (Suzuki & Gyoba, 2008) では,好意度の増幅が得られていない。これについては,触覚での呈示時間にあわせ,通常の視覚での実験よりも長い間刺激にさらされたことにより,刺激に対する飽きがより強く生じてしまった可能性が指摘されている。

異種モダリティ間での単純接触効果の検討は,今述べた鈴木らの研究のほかは,ほとんど見当たらない。各モダリティで異なる空間・時間解像度などクリアすべき問題は多いが,今後,鈴木らによって示された,単純接触効果の非対称性についての仮説検証とともに,接触時間や接触回数などのパラメータを操作した詳細な検討が必要である。

■■■ 5 ── 感性研究と単純接触効果の今後 ■■■

本章では,感性と感覚モダリティの関連について,異種モダリティ間における単純接触効果の研究を中心に論を進めてきた。感性研究はいまだ未発達な研究領域であり今後さらに発展が期待されるが,感性処理の中で果たされる各モダリティ独自の役割,およびそれらの相互作用は,包括的な感性システムの理解の上で,重要な検討課題となるはずである。

「感覚モダリティ間で好ましさは相互作用可能か」,という問いに対し,単純接触効果の手法は有効な検討手段の1つである。しかしながら,単に手法としての利用にとどまらず,異種モダリティ間での単純接触効果と単一モダリティでの効果は同じメカニズムで駆動されているのか,それとも独自のシステムをもつのか,そしてそれらの神経基盤はどのようなものか,など両者の特異性と

共通性の検討を行えば，単純接触効果そのものの深い理解も可能となるはずである。

8章

文化心理学と単純接触効果

　文化心理学は，この10数年間で急速に発展した1つの学問領域である。過去の知見は，歴史的に培われてきた文化の規範や慣習などに応じて，自己観や価値観といった一種の社会的信念のみならず，認知や感情といった心の性質さえも異なっていることを示してきている。このように心と文化との関わりについて検討していくにあたって最も重要な問題は，心の性質のどこまでが文化特異的で，どこまでが文化普遍的かという点である。心の性質の文化普遍性・相対性を探るアプローチとしていくつかの可能性は存在するが，たとえば，異なった文化の人々であろうと，認知を介さない，いわば「原始的」な処理に関しては，同様のパターンを示すのかどうかを明らかにすることは，そのうちの1つである。そしてそのような原始的な処理の代表例が，単純接触効果である。本章では，聴覚刺激および視覚刺激を用いた単純接触効果に関する日米比較実験を紹介し，心と文化との関わりを理解していく上で，単純接触効果が文化普遍的であることはどのような示唆を与えるのかについて議論する。

■■■ 1 ── なぜ文化心理学が単純接触効果を扱うのか ■■■

　「人間」という単語がまさに「人と人の間」を示すように，我々人間の日常生活は，他者に大きく依存し，また他者との人間関係を調整する社会や文化の規範・慣習に従っている。では，はたして社会や文化の規範・慣習は，我々の認知や感情といった心の性質にどの程度影響を与えているのだろうか。この問

いに対して，以下の2つの回答が可能だろう。1つは，「普遍論」の立場に立ったもので，人の心のはたらきは，社会や文化によらず基本的に均一という見方である。これによれば，たとえ異なった社会・文化間において人々が異なった行動をしても，それは異なった規範や慣習の内容に対応して異なった反応を示したにすぎず，心理的反応の社会・文化的差異はあくまでも表層的なものといえる。もう1つは，「相対論」の立場にたったもので，社会や文化の規範や慣習に対して異なった反応をする以上，そういった反応を最も効率よく作り出す心のメカニズムも異なっているという見方である。従来，心理学者は前者の立場にたってきたが，文化心理学は，後者の立場，つまり，心の性質の社会・文化的相対性に注目してきている。そして，洋の東西において歴史的に培われてきた文化の規範や慣習などに応じて，自己観や価値観といった一種の社会的信念のみならず，認知や感情といった心の性質さえも異なっていることを実証的に示してきた。具体的には，西洋においては，相互独立的自己観が優勢であり，人々の思考様式は分析的であるのに対し，東洋においては，相互協調的自己観が優勢であり，人々の思考様式は包括的である（詳細については，石井・北山，2004；Markus & Kitayama，1991；Nisbett et al.，2001を参照のこと）。

しかし注意したいのは，心の性質の社会・文化的相対性を探求することは，必ずしも人のもっている心の人類共通性を否定するわけではないという点である。たとえば人の赤ちゃんは，lの音とrの音を弁別できる能力をもって生まれてくるにもかかわらず，この2つの音を区別する言語（たとえば英語）のもとで育てられれば，この弁別能力はますます向上するのに対し，この2つの音を区別しない言語（たとえば日本語）のもとで育てられれば，この能力は減退してしまうことが知られている。この例からもわかるとおり，人の普遍的な生得能力は，ある文化環境による影響を受け，その結果，その環境に見合った形で修正された能力は，そこで生きていくための条件となるわけである。このように，文化心理学における「心のメカニズムの社会・文化的多様性」とは，人の心にある普遍的な要素を前提としたものである。

このような文化心理学の前提のもとで最も重要な問題は，心の性質のどこまでが文化特異的で，どこまでが文化普遍的かという点である。この点を明らかにする1つのアプローチは，文化による影響が人の情報処理プロセスのどの段

階でみられるのかを特定しようとする試みである。これまで，ある事象を知覚する際，どの程度状況的な要因に注意を向けてしまうかに関する洋の東西の文化差が知られている。たとえば，増田とニスベット（Masuda & Nisbett, 2001）は，日米の参加者に対し，ある背景とともに動物が写っている写真を見せ，その動物に対する好みを判断させた後，予告なしにその際に呈示された動物を思い出すよう求めた。具体的には，最初の段階で呈示された動物の写真とそうでない写真を混ぜて呈示し，最初の段階で呈示されたかどうかを判断させた。その際，最初の段階で呈示されたときと同じ動物と背景の組み合わせの写真に加え，そのときとは異なる背景を組み合わせた写真も含めた。結果は，全般的に，異なった背景と組み合わさった場合には，同じ背景と組み合わさった場合と比較し，その動物の再認率が低下していたが，しかしこの程度は，アメリカ人参加者よりも日本人参加者において顕著であった。このことは，日本人において，背景情報と結びつけながら中心情報である動物を知覚する傾向が強いことを示唆する。また近年，チュアら（Chua et al., 2005）は，同様の課題をアメリカ在住の中国人留学生とアメリカ人に対して行い，動物の好みを判断する際の参加者の眼球の動きを測定した。増田とニスベットの結果によれば，アメリカ人は，相対的に中心情報である動物に対して視点を置きやすく，またそれを長く見てしまうのに対し，中国人は，相対的に背景に対しても視点を置きやすいと考えられよう。眼球運動のパターンは，その予測と一致するものであった。刺激における背景情報の量が相対的に大きいために，アメリカ人も中国人も刺激呈示直後は背景に視点を置く程度が大きかったが，しかし420msec以降では，動物に視線を置き，それを長く見る傾向がアメリカ人においてみられたのに対し，背景情報を重視する傾向は中国人において依然としてみられた。以上より，文化による影響は，情報処理プロセスの比較的早い段階から生じており，このことは，情報を符号化するそのやり方に文化差が存在していることを示唆する。

　これに加えて，たとえ異なった文化の人々であろうと，認知を介さない，いわば「原始的」な処理（Zajonc, 2001）に関しては，同様のパターンを示すのかどうかを明らかにすることも，心の性質の文化普遍性・相対性を探るアプローチの1つである。そのような原始的な処理の代表例が，単純接触効果である。本章では，聴覚刺激および視覚刺激のいずれの場合においても，日米で同様に

単純接触効果が生じるのかどうかを検討した研究について紹介し，単純接触効果が文化普遍的であることのインプリケーションを述べることにする。

■■■ 2 ── 単純接触効果に関する日米比較実験 ■■■

(1) 聴覚刺激を用いた第1実験

　最初の日米比較実験（Ishii, 2005）は，日本人およびアメリカ人参加者にとって未知であるタガログ語の発話を用いて行われた。そもそも聴覚刺激を用いた単純接触効果の研究は，ある楽曲の小節を刺激としたもの（たとえばSzpunar et al., 2004）以外はほとんど行われていなく，また文化比較を目的としたものは皆無である。そこで本実験は，数少ない研究のうち，モアランドとザイアンスの研究（Moreland & Zajonc, 1977）を参考にしながら，以下のような手続きをとった。まず，参加者は，コンピュータから流れてくる発話をとにかく聞くよう求められた。ここでは，10個のタガログ語発話が用いられ，そのうちの5個は，8回呈示されたのに対し，残りの5個は，2回呈示された。これらの呈示順番は，参加者ごとにランダムであった。次に，参加者は，この10個の発話に先程呈示されなかった別の5個のタガログ語発話を加えた15個の発話を聞き，その発話がどのくらい好きかどうかについて7点尺度を用いて答えた（1＝非常に嫌い，7＝非常に好き）。そして最後に，また同じ15個の発話を聞き，その発話が最初の段階で呈示されていたかどうかについて7点尺度を用いて答えた（1＝確実になかった，7＝確実にあった）。もしも単純接触効果が生じているのであれば，最初の段階で呈示されなかった発話と比較し，呈示された発話のほうが好ましいと判断されるだろう。さらに，呈示された発話の中でも，呈示回数が多い発話のほうがそうでない発話よりも好ましいと判断されるだろう。加えて，この現象が再認成績と無関係であるならば（たとえば，Kunst-Wilson & Zajonc, 1980），たとえ参加者が正しく発話を再認することができても，その程度は発話の好ましさの判断に影響を与えないだろう。つまり，呈示回数の多い発話ほど，好ましいと評定され，また正しく再認されるが，しかし，その発話の好ましさは呈示回数のみによって説明されるだろう。さらに，単純接触効果に文化の影響がないのであれば，このようなパターンは

Ⅲ──単純接触効果と周辺領域

日米ともにみられてしかるべきであろう。

　結果は，概ねこの予測と一致していた。図8-1は，日米における発話の好ましさの評定値を示したものである。日米ともに，呈示回数の多い単語ほど好ましく評定されていた。呈示回数によるこの効果は統計的に有意であった。加えて，再認成績についてみてみたところ，日米ともに再認率は高かった。つまり，呈示回数の多い発話ほど参加者は確実にあったと答えていたのに対し，まったく呈示されなかった発話には，確実になかったと答える傾向がみられた。それでは，発話の好ましさは，それが何回繰り返されたかによって影響された

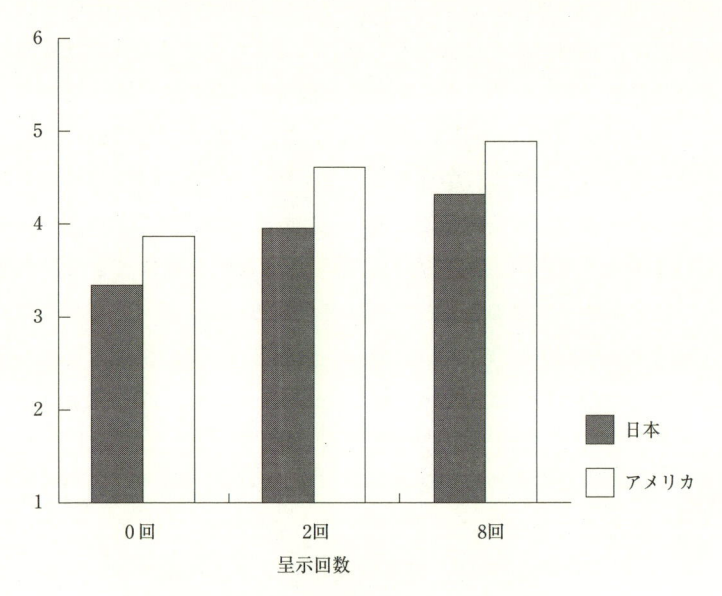

図8-1　タガログ語発話を用いた単純接触効果
呈示回数が多いほど，発話はより好ましく評定されている。

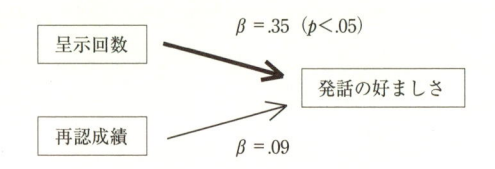

図8-2　重回帰分析の結果
呈示回数の標準重回帰係数（β）のみが統計的に有意であり
発話の好ましさを予測していることがわかる。

のか，それとも覚えやすさに影響されたのか。この点を検討するために重回帰分析を行ったところ，呈示回数による効果しかみられなかった（図8-2）。加えて，その大きさに文化差がないことも確認された。つまり，日米において同じように単純接触効果が生じていたわけである。

(2) 写真刺激を用いた第2実験

　以上より示唆された単純接触効果の普遍性を確かめるため，続いて行ったのは，先に紹介した注意配分に関する文化心理学的研究（Chua et al., 2005 ; Masuda & Nisbett, 2001）で用いられたのと同種の写真刺激を用いた日米比較実験である。その概略は図8-3に示した。まず参加者は，画面に呈示される動物の写真をとにかく見るように求められた。ここで用いられたのは，ある動物とある背景が組み合わさった15枚の写真であり，これらはランダムに5回呈示された。次に，参加者は，30枚の動物の写真を見て，その動物がどの程度好きかどうかについて7点尺度を用いて答えた（1＝非常に嫌い，7＝非常に好き）。このときに呈示された写真のうち半数は，最初の段階で呈示されたものであった。しかもその15枚の動物の写真は，それがどのような背景と組み合わさって呈示されるかによって，3つのグループに分かれていた。具体的には，

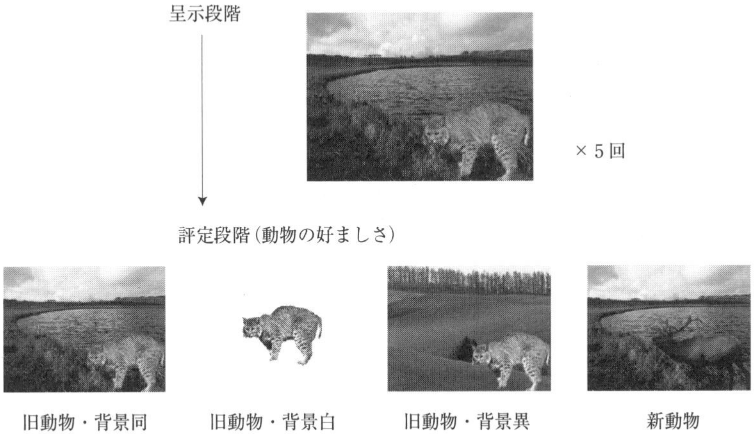

呈示段階

×5回

評定段階（動物の好ましさ）

旧動物・背景同　　旧動物・背景白　　旧動物・背景異　　新動物

図8-3　動物と背景を操作した写真刺激を用いた単純接触効果実験の概観

(1) 最初の段階と同じ動物と背景の組み合わせになっているもの（旧動物・背景同刺激），(2) 最初の段階と異なった動物と背景の組み合わせになっているもの（旧動物・背景異刺激），(3) 背景が白色で，ただ動物のみが写っているもの（旧動物・背景白刺激）であった。つまり，この30枚の動物写真は，前記の3タイプ，および最初の段階で呈示されなかった動物の写真（新動物）からなっていた。なお，日米における予備調査に基づき，各文化で好ましさの程度が中性的でかつ低頻度の，そしてそれらの程度に文化差のない動物の写真を選定した。

　先に紹介した注意配分に関する文化心理学的研究によれば，アメリカ人は，中心情報である動物を相対的に注視しやすいのに対し，アジア人（たとえば中国人）は，その背景情報に対しても注目しやすく，動物と背景の組み合わせに注目しがちであると考えられる。しかもこうした差異は，情報処理の比較的早い段階から生じており，情報を符号化するそのやり方に文化差が存在していることを示唆する。はたしてこのような差は，単純接触効果の大きさに影響を与えるのだろうか。具体的には，たとえある動物を繰り返し見ていても，これまでとは異なった背景のもとでその動物の好ましさを判断しなければならないときには，このような文化差は，中心情報（この場合，動物）に対する知覚的流暢性にはたして影響を与えるのだろうか。そして背景情報が変化することで知覚的流暢性が低下する現象は，特にアジア人において顕著なのだろうか。ザイアンス（Zajonc, 2001）が指摘するように，単純接触効果は「原始的」な処理であり，認知を介さないとすれば，どの情報に注意を向けやすいかに関する文化差による影響はほぼみられないと予測できよう。

　日米それぞれにおいて，4タイプの動物写真における好ましさの平均値を出し，旧動物・背景同刺激，旧動物・背景異刺激，旧動物・背景白刺激のそれぞれに対する好ましさから新動物に対する好ましさの差をプロットしたのが，図8-4である。この差が統計的にゼロよりも大きければ，単純接触効果の生起を示唆する。日米ともに，単純接触効果の大きさは，旧動物・背景同刺激，旧動物・背景白刺激，旧動物・背景異刺激の順であった。そして，旧動物・背景同刺激と旧動物・背景白刺激における単純接触効果の大きさは，統計的にゼロよりも大きかったが，しかし旧動物・背景異刺激ではそれが認められず，こ

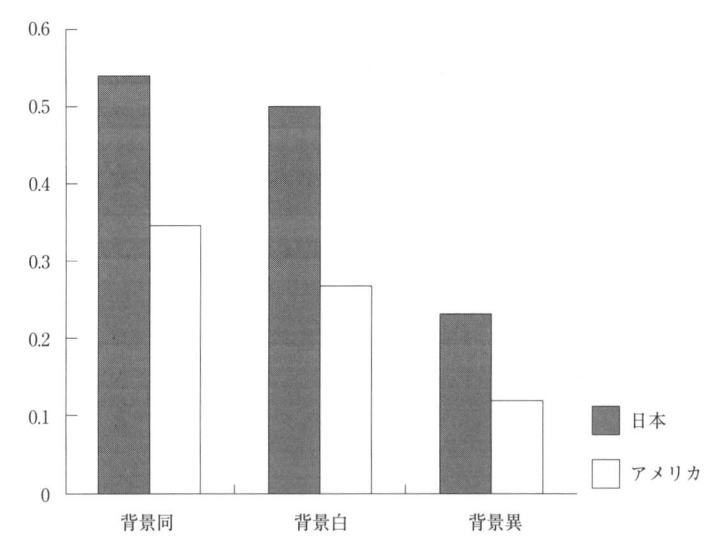

図8-4 旧刺激の3種類の背景条件における単純接触効果
縦軸の値は，それぞれの条件における動物の好ましさと新動物の好ましさとの差を示している。日米ともに，背景同と背景白条件では単純接触効果がみられたが，一方，背景異条件における値は小さく，統計的に有意ではない。

こでは，単純接触効果が生じなかったことが示唆された。またこのようなパターンは，アメリカ人よりも日本人において強くみられていたが，その差は統計的に有意ではなかった。以上の結果は，たとえある中心事物を繰り返し見ていても，異なった背景とともに呈示されると，その事物の知覚的流暢性は損なわれるが，だからといって，背景情報に注意を向けやすいアジア人においてその傾向がより強くなるわけではないことを示唆する。まとめると，情報処理に関してこれまで報告されてきた文化差は，そういった処理とは独立の単純接触効果においてはみられないのである。

3 ── 単純接触効果の文化普遍性が示すこと

以上の2つの日米比較実験の結果は，単純接触効果に文化的差異がないことを示唆する。心の性質のどこまでが文化特異的で，どこまでが文化普遍的かという問いに関しては，こうした知見，さらには眼球運動に注目したチュアらの

Ⅲ──単純接触効果と周辺領域

知見を踏まえると，何に注意を向けるか（向けてしまうか）には明らかな文化差があるものの，少なくともそういった文化差が反映される認知的な処理とは独立の処理（たとえば単純接触効果）は，文化普遍的であり，文化共通のなんらかの生得的な能力を基盤としていることがうかがわれる。

単純接触効果は動物においてさえみられることから（たとえば，Rajecki, 1974），単純接触効果を生み出す能力とは，ヒトを含めた動物がこれまで生存していく上で結果的に有用なものであり，それゆえに，生得的に備わってきているとも考えられる。もしかすると，よりよく接するものに快さを感じ，それを安全なものと認識するようなやり方で取捨選択していくことが適応的であった自然環境がこれまでに存在していたのかもしれない。またこういった単純接触効果に基づく一種の学習は，人がある環境下に生まれ落ち，そこでのさまざまなルールを身につけていく上で，実際のところ大きな役割を果たしているのかもしれない。単純接触効果の1つの現象として，潜在学習（implicit learning）が知られている。たとえば，ゴードンとホリオークの研究（Gordon & Holyoak, 1983）では，あるルールに沿って生成された文字列をいくつも呈示した後，そのルールに則った文字列とそうでない文字列を示したところ，たとえ最初の段階で呈示されていない文字列であっても，ルールに沿っているものは，それに沿っていないものと比べ，より好ましく評定されていた。その現象を踏まえながら，文法がいかに獲得されるのか，その1つの可能性について考えてみよう。人の赤ちゃんは，とりわけその養育者とその周りの人々を通じてさまざまな言葉のシャワーを浴びるが，そういった養育者らが日本語話者であれば，その内容は日本語の文法規則に則ることになる。そこでは，英語のように，aとtheの区別や，可算・不可算の区別は明確でないだろうし，また本章の最初のほうで述べた例のように，lとrの発音の区別も不明瞭であろう。当然のことながら，赤ちゃんに対して，トップダウン式に明確な文法規則はいきなり提示されることはない。また，養育者らによる言い回しのバリエーションは，その文法規則を網羅するほどのものではない。しかし，ある体系の言語に接していくことで，潜在学習の結果，その体系がおのずとわかってくることは考えられよう。そしてこのような潜在学習は，文法規則のみならず，ある文化における一種の道徳観や価値観などの内面化にも反映されている可能性はあるだろ

う。

　単純接触効果は，心の性質のどこまでが文化特異的で，どこまでが文化普遍的かという問いに関して，文化普遍的な心の性質の要素を示す上で大きな意味をもつ。それに加えて，やや飛躍があることを承知の上で述べると，その1つの現象としての潜在学習は，文化特異的な心の性質を生み出すための1つの基礎的なメカニズムになっている可能性も考えられる。単純接触効果は，たしかに原始的であるが，しかしそれゆえに，それに関わる能力は，生物種としてのヒト，そして社会的動物としての人の心の基盤となっているのである。

# 9章

音楽心理学と単純接触効果

　音楽に関わる認知，感情，行動などの解明を目指す心理学の一分野が，音楽心理学である。本章では，音楽心理学と単純接触効果との関わりについて述べる。1節では，単純接触効果と深い関連をもつ，音楽の繰り返し聴取の効果に関する研究について触れる。2節では，単純接触効果の研究における音楽を用いた検討を取り上げる。3節では，音楽心理学の研究において単純接触効果をどのように活用できるか，いくつかのトピックをあげ議論する。

　なお，音楽心理学において関心がもたれている音楽の"exposure"に関する研究というと，いわゆるモーツァルト効果をはじめとする，音楽聴取が他の活動に与える影響に関するものもある。これは単純接触効果（mere exposure effect）とはまったく別の現象であり，ここでの議論の対象からは離れるため基本的には取り扱わない。関心のある方は，シェレンバーグ（Schellenberg, 2003）などをお読みいただきたい。

■■■ 1 ── 音楽の繰り返し聴取の効果 ■■■

　同じ楽曲を何度も聴いているうちに，すっかり聴き飽きてしまうこともあれば，だんだんと味わいが出てくる場合もある。あるいは，よい音楽は何度聴こうとも変わらずよい，という人もいる。そういった繰り返し聴取の効果は，音楽心理学においてごく古くから繰り返し検討されている対象の1つである。そして，その研究は，単純接触効果の研究にも影響を与えてきた。ザイアンス（Zajonc, 1968）のモノグラフでも，これに関する複数の研究が引用されてお

り，単純接触効果研究の出発点においてすでにその着想および理論構築に寄与したことがうかがえる。

基本的な手続きは，対象の楽曲を何度も提示しては感性評価をさせ，繰り返す毎にどのように変動するか追うというものである。非常に単純な手続きであり実施も容易であるが，ただし，実験統制上は十分とはいえない。繰り返すこと自体の効果だけでなく，時間経過に伴う音楽とは無関係な効果（実験環境への慣れ，退屈感，実験意図の推測など）も混入するおそれがあるからである。その点で，単純接触効果の実験パラダイムのほうがすぐれているといえる。

この流れの研究では，クラシック音楽とジャズとの比較（Krugman, 1943；Verveer et al., 1933）など，音楽ジャンル間の違いに着目することが昔から多い。そういった関心があることは理解できるが（なお，ジャンル毎の違いを知りたいという興味は，音楽心理学に取り組んでいる者よりも初学者や他領域に足場をもつ者に目立つように思われる），音楽ジャンルを厳密な形で独立変数にするには，統制すべき剰余変数があまりに多く，予備調査や音響分析を避けて通るわけにはいかない。これまでの研究ではそういったことがされている様子があまりなく，よってその妥当性にはやや疑問があろう。

とはいえ，繰り返し聴取の効果は，その現象自体は興味深く，日常の音楽生活への示唆も期待できるため，堅いことはとりあえず棚上げにして取り組む価値はあるともいえる。国内でも，榊原（1996）以降，多くの研究がされている。

■■■ 2 ── 単純接触効果研究における音楽の利用 ■■■

(1) 反復接触させる刺激としての利用

無意味図形や顔写真などと同様に，音楽にも単純接触効果が得られることが古くから示されている。もちろん，単に単純接触効果を視覚刺激の代わりに音楽で出してみただけという「横広げ」的な色合いの強い研究も少なくない。音楽に限らず聴覚刺激を用いた単純接触効果の検討はあまり数がない（Ishii, 2005）ことも一因かもしれない。しかし，場合によってはむしろ単純接触効果研究の最先端に立つこともあった。その例を2つあげる。

ウィルソン（Wilson, 1979）は，両耳分離聴手続きを用いて，非注意側の耳

に提示されるメロディに対する単純接触効果と再認とを検討した。その結果，メロディの再認はさすがに困難であったにもかかわらず，単純接触効果は得られた。このことからは，再認という認知的判断ができなくとも単純接触効果はそれと無関係に生起すると理解できる。そのため，これに続くクンスト-ウィルソン（先のウィルソンと同一人物）とザイアンス（Kunst-Wilson & Zajonc, 1980）による閾下単純接触効果の発見とともに，感情は認知とは独立に，かつ認知に先行して起こるとするザイアンス（Zajonc, 1980）の主張を導き，感情認知論争（2章参照）を招いた。両耳分離聴手続きは，選択的注意の実験研究に道を開いたことで評価されているが，単純接触効果の研究にも大きな転換点をもたらしたといえる。なお，このような再認困難な事態での単純接触効果の研究はこの後続々となされるが，視覚刺激での検討が大半となり，両耳分離聴手続きは定着しなかった。今日ではほとんどが視覚実験として行われるようになった選択的注意の研究とこの点でも同じというのは皮肉である。

　そんな中で，メロディを用いてまったく異なる観点から再認困難な場合での単純接触効果を取り上げたのがジョンソンら（Johnson et al., 1985, 実験1）である。そこでは，重い健忘を主症状にもつことで知られるコルサコフ症候群の患者を対象とした検討が行われた。結果は，患者群ではやはり再認は困難である一方で，メロディへの単純接触効果は健常対照群とほぼ同様に起こるというものであった。神経心理学的な問題をもった対象者での単純接触効果が報告されたのは，これが史上はじめてである。また，ジョンソンら（Johnson et al., 1985）の関心は単純接触効果よりも記憶のほうにあり，そのような立場から論文をまとめたため，単純接触効果を記憶研究へとつなげることにも貢献した。間もなく，シャクター（Schacter, 1987）が潜在記憶の概念と奥深さを広く知らしめることになるレビューを公刊するが，そこでジョンソンら（Johnson et al., 1985）の知見も引用されることになる。

　前述の2研究は，音楽の特性をうまく活かした単純接触効果の研究でもある。ジョンソンら（Johnson et al., 1985, 実験1）がメロディを用いたのは，障害の特徴を考えると適切である。コルサコフ症候群では中年期以降の発症が多く対象者の年齢が高めになることもあり，簡単に行える課題であることが肝要となろう。ランダム多角形やトルコ語単語などよりも，音楽のほうが感性評価の

対象として自然であり負担は小さいといえる。また，複視や眼振といった視覚に関わる症状もみられることがあり，そのため視覚刺激を用いること自体が適さないという面もある。ウィルソン（Wilson, 1979）は，両耳分離聴手続きにうまく乗せるためにメロディを使ったといえるだろう。聴覚刺激なら何でも同じというわけではない。両耳の刺激のタイミングやふとした気のゆるみなどが関わり実験参加者の注意が一瞬だけ非注意と教示された側に向くこともありうるが，もし刺激が音声のようなものであればその時の断片的な音響印象が記憶され，評定時に気づかれるかもしれない。しかし，単純なメロディであれば一音のみ記憶できていても示差性はほとんどないに等しい。まったく同じ音色，同じ高さの要素が他の多くの刺激にも含まれているからである。

(2) 反復接触させる刺激としてではない利用

音楽が単純接触効果の実験で用いられるのは，音楽の単純接触効果の検討のためだけではない。他の意図で音楽が活用されることもある。

ファンら（Fang et al., 2007, 実験2）は，背景音楽をヘッドフォンで提示しながら評定をさせる形で，広告バナーへの単純接触効果を検討した。そのねらいは，教示の操作により流暢性の帰属が背景音楽にされるような条件を設定して，知覚的流暢性誤帰属説とヘドニック流暢性モデルとの2理論（3章参照）のいずれがより妥当かを検証するところにあった。また，ファンら（Fang et al., 2007）は特に意図してはいなかったが，この研究は音楽を聴きながらブラウジング等をしている広告ターゲットに対するバナー提示の効果を測定しているともいえ，生態学的妥当性のある単純接触効果研究ととらえることもまた可能であろう。なおこの研究は，アメリカではバナー広告提示の有効性を実証した研究のようにマスコミに取り上げられ，各所で話題になったものでもある。

栗川（2004, 実験1）は，写真に音楽を付随させて提示した場合に写真に起こる単純接触効果を検討している。結果は，単純接触効果自体は得られたものの，あまり明瞭なものではなかった。用いた刺激数の少なさ（各提示回数あたり2枚ずつ）が響いているのかもしれない。

生駒（Ikoma, 2004）は，単純接触効果に干渉効果が起こるかどうか検討している。そこでは，反復接触する刺激だけでなく，干渉刺激として挿入される

のも同様のルールに基づき生成された新奇なメロディであった。そういった刺激は意識的に保持するのが難しく干渉も受けやすいとされること，一般に干渉は相互に類似性の高いものどうしの場合に強く起こることを利用している。

3──音楽心理学における応用可能性と今後の展望

　前節では，音楽を単純接触効果の研究に活用することについて取り上げた。今度は，単純接触効果を音楽心理学に活用することに着目し，これからどのような活かし方があるかについて論じる。もし関心をひかれるものがあれば，ぜひ研究に取り組んでいただきたい。

(1) 音楽の潜在記憶

　潜在記憶の研究では，当初は単語完成課題や語幹完成課題で測定されるような言語的なものの検討がほとんどだったが，1990年代に入るころから非言語情報の潜在記憶についても解明が進められるようになった。メロディ，リズム，和音といった音楽的な要素の潜在記憶についても，多くの研究が進められてきている（生駒・太田，2005参照）。単純接触効果は潜在記憶現象であることが知られており，音楽を含むそういった非言語情報の潜在記憶を検討する上でも有用なツールである。たとえば，これまでにクドローとペレス（Gaudreau & Peretz, 1999），ハルパーンとオコナー（Halpern & O'Connor, 2000），生駒と太田（2004），宮澤（2005）などが単純接触効果を通してメロディの潜在記憶について検討を重ねてきた。

　メロディの潜在記憶を検討する上で単純接触効果を測度とすることの利点はいろいろあるが，ここでは2点をあげておく。1点目は，課題の容易性である。単純接触効果を用いるならテスト課題は印象や好意度を問うものとなり，これならだれにでも比較的容易に遂行できる。潜在記憶課題に限ったことではないが，音楽認知の実験で課される正誤判断や検出を求める類の課題は実験参加者の音楽経験の程度によって成績が大きくばらついてしまうことが多い。一定以上の音楽経験のある者のみを対象にすれば結果は安定するだろうが，今度は知見の一般化を犠牲にすることになる。また，対象が高齢者やアルツハイマー病

患者である場合（Gaudreau & Peretz, 1999；Halpern & O'Connor, 2000）などでは，集中力や処理資源を多く要する課題は行いにくく，できるだけ容易な課題を用意することになり，すると単純接触効果を測度とするのが好都合となる。

もう1点は，意識的想起汚染への頑健性である。意識的想起汚染とは，潜在記憶（のみを測定しているはずの）課題の成績に顕在記憶が影響し結果をゆがめてしまうことをいう（林・太田，2005）。単純接触効果を測度とすれば，汚染を受けにくい測定が可能になる。評定課題の課題要求は前に聴取したものが想起できるかどうかとは独立であるし，早く正確に回答することを求められるタイプの課題とは異なり，顕在記憶を意図的に検索し活用しようとするなどの教示に沿わない方略をとらせるような動機づけをもたらしたりはしないからである。実際，生駒（2005）のレビューでも整理されているように，古今の数多くの研究において単純接触効果は顕在記憶からはほぼ独立に起こっている。

なお，後藤（Goto, 2001；後藤，2001，2002，2005）によるリズムパターンの潜在記憶に関する一連の検討では，リズム音の大きさや親近感を判断させる課題が採用されている。これらは単純接触効果自体を見ているわけではないものの，知覚的流暢性誤帰属による現象に含まれるものを測度としている点において近い位置にあるといえる。前述のような単純接触効果の利点は，これらの課題にもまた当てはまると考えてよい。

近年は潜在記憶の研究自体が下火になっている印象を受けるが（有馬と中條（2003）に言わせれば，1980年代が潜在記憶研究の時代だという），未解明の部分も今なお多く，今後もこのような有用な測度の出番があるだろう。

(2) 自発的な繰り返し聴取

波多野（1973）が音楽行動に関して行った問題提起のうち今なお解明が進んでいないものに，自発的接触についての提起がある。それは「接触に伴って様式学習がすすむと，自発的な接触のパターンが変るだろうか」というものである。接触行動が学習を促し，その学習が接触行動を変えるという双方向的な構造を明らかにできれば，人間と音楽との長期的な関わりを考える興味深い知見となろう。そのうち「様式学習」にあたる部分については，クーンとディーン

ズ（Kuhn & Dienes, 2005）によるメロディの潜在学習による単純接触効果のような検討がある。一方、反復接触の影響が行動にも及ぶことを示す知見はいまだ少ない。特に音楽行動については、単純接触効果による美の規範の形成を論じたカッティング（Cutting, 2006）などからも影響の存在は予測されるものの、実証研究は進んでいない。まずはそのあたりに向けて単純接触効果の研究を拡張していくことが求められる。

実社会の求めに応え実践への適用を目指す研究のあり方、つまりモードⅡ（杉原，1999参照）の視点からは、自発的聴取を促して単純接触効果を自分で生起させるような方法を編み出すことで、音楽マーケティングに役立てることも考えられる。単純接触効果を活用しつつも、スポット広告での物量作戦という昨今の戦略とはまったく異なるアプローチになる。ただし、「マクドナルドの椅子」のように、当人には自由意志による行動と思わせておきながら巧妙に行動を操作することにつながるともいえ、倫理的な後ろめたさもないこともない。

とはいえ、自発的聴取の制御は臨床的な活用法ももちうる。大橋（2006）は、不安を感じるとリッチー・ブラックモアを連続聴取して沈静化させている統合失調症例を紹介している。セルフ・コントロール的な音楽使用は多くの人々にみられるものではあるが、このような使用をより適切に自発させるような工夫ができれば有用であろう。

(3) モーツァルト効果

ラウシャーら（Rauscher et al., 1993）は、モーツァルトのK448を聴かせたら知能検査の一部の得点に上昇が認められたと報告した。これが「モーツァルト効果」の起源である。しかし、その知名度とは裏腹に、実体のある現象か否かという根本的なところさえも明確でなく、いまだに争いのある現象でもある（それゆえに有名になった面もあるが）。

ゴンサレスら（Gonzalez et al., 2003）は、モーツァルト効果の解明において単純接触効果を活用することを提案している。モーツァルト効果に対して否定的な立場からは、単に好みのものの提示を受けること、それによりポジティブ感情が生ずることに由来する効果でしかなく、他の曲でも音楽でないもので

も同様の効果を起こせるとする批判がよくされる。そこでゴンサレスら（Gonzalez et al., 2003）は，モーツァルトの楽曲に対して事前に反復聴取をさせた群とそうでない群とを設定し，その楽曲による課題成績の促進に差がみられるかを検討すればよいという。もし楽曲への好みが課題成績に影響しているのなら反復接触の有無による差が開くはずで，もしあくまでモーツァルトの楽曲自体にその効果をもたらす力が内在しているのならば，反復接触で好みを操作してもなんら変わりはしないと考えられる。単純接触効果が結果に影響を出せるほどに楽曲への好みを大きく変えられるかは少々疑問ではあるが，ユニークなアイデアであるとはいえよう。

　ところで，一般世間では，「モーツァルト効果」という言葉は心理学の世界以上によく見かけ耳にするものの，ほぼ例外なく，正しく理解されてはいない。もちろん，この現象に関しては心理学者の間でさえ何が「正しい」のか定まっていないとはいえ，もはやそういうレベルではない。知能が育つ，EQも上がる，仕事がうまくいく，モーツァルトならどの曲でも効く，と際限なく誤解や拡大解釈が進み，今や「波動」に結びつけられるところにまで行っている（西川・永山，2007）。モーツァルト効果という言葉が目から耳から入るたびに単純接触効果でよいイメージが増幅し，その誤解や拡大解釈も何度となく触れているうちに真実性効果で正しく感じられるようになってしまっているのだろうか。

Ⅳ

単純接触効果と日常生活

10章

広告の効果

　我々の日常生活には，常に多くの広告が溢れている。テレビやラジオ，新聞，雑誌，インターネットといったメディア（媒体）には番組や記事の合間を多くの広告が埋め尽くしており，街に出れば看板やネオン，電車に乗れば中吊り広告が目に入る。我々は広告に繰り返し接触することによって，商品やブランド（銘柄）に対して好意的な印象を形成し，購買行動に至る。こうした広告の反復呈示による商品ないしブランドへの態度変化には単純接触効果の関与が考えられ，これまでに多くの研究が行われてきている。

　本章では，1節で広告接触から購買に至るまでの認知プロセス，2節で広告と単純接触効果との関わり，3節で呈示回数の効果についてそれぞれ述べる。また，3節において筆者らが過去に行った広告単純接触効果実験の紹介もあわせて行う。

■■■ 1──広告とその認知 ■■■

　広告とは，アメリカ・マーケティング協会による定義によると，「メッセージのなかに識別可能な営利企業や非営利組織または個人が，特定のオーディエンスに対して，製品，サービス，団体またはアイディアについて，伝達または説得をするために，さまざまな媒体を通じて行う有料の非・人的コミュニケーションである」（水野（2004）より引用）。一般に広告はCMと表現されることが多い。これは日本的造語のCommercial Messageの略語であり，すなわち広告とは商行為のためのメッセージを指す（阿部，2003）。

(1) 広告の構成要素

　広告はさまざまな媒体を介して消費者に提供されるが，媒体によってマスコミ4媒体（新聞，雑誌，ラジオ，テレビ）広告と販売促進（SP）広告（ダイレクトメール，折込ちらし，屋外看板，など），衛星メディア広告，インターネット広告の4種類に大別される。広告代理店の電通が毎年行っている広告費の媒体別構成比調査（http://www.dentsu.co.jp/marketing/koukokudata.html）によると，2000年の時点において総広告費6兆1102億円のうちマスコミ4媒体が65.0%（さらにそのうちの半数以上をテレビが占める），SP広告が33.6%を占めていた。その後，マスコミ4媒体の占有率は毎年減り続け（2006年時点で59.7%），SP広告は上昇するが，2002年の34.8%をピークに下降傾向に転じている（2006年時点で33.4%）。一方で，昨今急速に普及しているインターネット広告は，2000年には1.0%であったものが6.0%にまで上昇している。

　インターネット広告は，バナー広告と呼ばれる，サイト上に表示される長方形の社名やロゴなどが描かれた画像ファイルで表現されることが多い。バナー広告をクリックすることで広告を見たユーザーをサイトに誘導することができる。

(2) 広告情報の認知プロセス

　従来，広告情報の認知プロセスはAIDMAモデル（注意：Attention－興味：Interest－欲望：Desire－記憶：Memory－行動：Action）によって分析されてきた。このモデルは，実務的な広告効果の尺度として有効であり，広告効果の簡潔な表現が可能である。しかし，メディアの多様化や表現技法の向上によってさまざまな広告表現形態が可能になったため，AIDMAによる一方向モデルの限界が指摘されている。田中と丸岡（1991）は，広告の効果過程は知覚過程，態度過程，記憶過程，行動過程の4過程に分けてとらえている（図10－1）。知覚過程とは，広告メッセージが目や耳などの感覚受容器を通して受容され，情報検出過程（注意・検出）－情報解釈過程（知覚・解釈）－情緒反応の3過程を経て，受け手にとって有意であると認知・解釈されるまでのプロセスを指す。態度過程は，認知的態度（認知，理解，知識），情緒的態度（評価，行為），行動的態度（行動傾向）から成立し，知覚過程で処理を施された広告メッセージ

IV──単純接触効果と日常生活

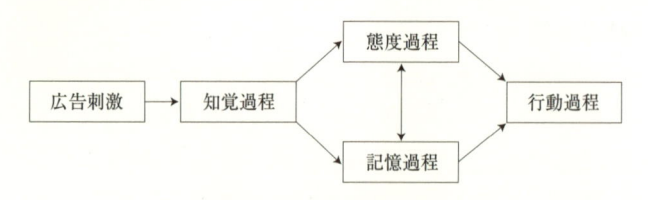

図10-1 広告の効果過程モデル
（田中・丸岡，1991）

を受け手が意識的に評価し，広告あるいは商品銘柄に対する態度が形成されるプロセスを指す。記憶過程は，知覚過程を経て処理された広告メッセージあるいは態度過程で形成されたブランドに対する態度情報を保持し，検索するプロセスを指し，記銘（符号化），保持（貯蔵），想起（検索）の3過程に分けられる。行動過程とは，商品購入から購入後の商品評価に至るまでの消費者行動の推移を指す，としている。

態度過程では思考的反応と感情的反応の2種類があり，我々は広告接触時に思考的反応に先行してなんらかの感情的反応を生じさせる。特に視覚広告の場合，広告への接触が瞬間的や無意識的であるほど，広告の内容よりも受け手が広告に対して抱く印象が重要になる。広告メッセージはこれらの反応を経て，ブランドへの態度へと進む。広告への感情的反応と広告効果との関係はこれまでに多くの研究によって検討されてきている。そこでは，ネガティブな感情よりもポジティブな感情を喚起する広告のほうが商品へのより良い反応を喚起することが明らかにされた（たとえば，Shimp, 1981）。実際の広告においても，広告を大量投下したり，魅力的なタレントの起用や美しい風景・音楽等の使用によって，広告に対する良い印象を消費者に形成することで商品評価を高めている。このうち，広告の大量投下による広告への熟知性・親近性の上昇には，単純接触効果が関わる。また，広告に起用されるタレントや流れる音楽などは，古典的条件づけにおける強化子の役割を担う。

■■■ 2──広告と単純接触効果との関わり ■■■

広告はマスメディアなどを通じて消費者に反復呈示されるために，その効果

要因として単純接触効果が考えられてきた。ここでは単純接触効果が前節で取り上げた消費者の広告認知プロセスにどのように関わっているかを紹介する。

(1) 広告への感情的反応と単純接触効果

我々の周りには常に多くの広告が溢れており，そのためにほとんどの広告は消費者に軽く処理されるか，あるいは無視されるものである（Hawkins & Hoch, 1992）。広告のように日常生活でさほど重要でない事柄の学習は低関与学習に対応し（Krugman, 1965），我々の広告に対する学習は知覚的防御をあまりとることなしに行われる。単純接触効果では，接触経験が学習エピソードに帰属されるか否かにかかわらず，刺激の呈示回数の増加に伴って刺激対象への好意度が上昇する（Bornstein, 1989）。広告においても，偶発的に反復呈示された広告への肯定的反応が再認判断と無関係に上昇することが報告されている（Janiszewski, 1993）。よって，反復呈示によって肯定的な感情を喚起する広告は，ブランド評価に肯定的に影響するといえる。広告にはブランドや商品名，商品属性などの多くの情報が含まれるが，肯定的感情の喚起は必ずしも認知的処理を必要としない（Zajonc & Markus, 1982）。そのために，商品内容が欠如して好意的な視覚・聴覚刺激を伴う広告の反復呈示が，ブランドに対する肯定的感情を生起させる場合がある（Baker, 1999）。さらに，広告にブランドの有用な属性情報を付与した場合においても，我々は認知処理無しにブランドへの肯定的態度を示す（Petty & Cacioppo, 1984）。

(2) 広告への認知的反応と単純接触効果

広告反復呈示によってブランドへの好意的反応が喚起されたとしても，それが必ずしもブランド評価や購買行動に結びつくものであるとは限らない。実際に，広告を見てもほとんどの商品は購買決定に至らない（Hawkins & Hoch, 1992）。これはマスメディア「限定効果モデル」（Klapper, 1960）として古くから知られているが，マスコミュニケーションは人の態度や行動に限られた効果しか与えない，という。すなわち，マスコミはすでに形成された態度の後押しをする程度の効力しか有しないといえる。

消費者を実際の購買行動に導くためには，より深い認知的処理が必要となる。

前述のように，広告はブランドや商品名といった商品の周辺情報と，属性などの中心情報によって構成されている（ただし，広告によっては中心情報が存在しないものもある）。精緻化見込みモデル（Petty & Cacioppo, 1986）の枠組みで考えると，説得の中心的ルートは商品属性情報の高水準の認知的処理によって商品への強い態度変化を導く。当該商品に対して強い関与がある消費者のみが中心的ルートをたどる（松田ら，2004；Vakratsas & Ambler, 1999）。関与が弱い一般的な局面では，ブランドの評価は周辺的ルートをたどり，肯定的手がかりなどよって好転する。また，新奇ブランドへの単純接触と中心的ルート処理によって当該ブランドへのより有益な評価が形成される一方で，既存ブランドの中心的ルート処理は新奇ブランドと比較して効果が小さい（Olson & Thjùmùe, 2003）。この結果は，既知の知識表象はその情報をすでに知っているという満足感から新奇表象と比較して関連情報の探索動機が低い，という新情報バイアス（Brucks, 1985）によって説明されている。

　以上より，広告のメッセージ効果を十分に発揮させるためには，消費者に広告への関与を高めて中心的ルートの認知的処理を促すことが望まれる。それでは，広告への関与を高めるのはどのようにすればよいのであろうか。一般的に，動機づけや属性情報の重要度が高まることによって，商品評価や購買決定の際に中心的ルートによる処理がなされる（Maheswaran et al., 1992；Smith & DeCoster, 1999）。また，家電製品や自動車といった高関与商品は日用品のような低関与商品と比較して情報探索や商品評価の動機が高い（Assael, 1987）。そのために，現実場面において低関与商品で消費者に中心的ルート処理を行わせるのは難しい。属性情報は低関与商品への関与を高めることはないが，その単純接触効果を阻害することもない（Olson & Thjùmùe, 2003）。よって，低関与商品でも属性情報を併記することで情報探索欲求の高い消費者への高い広告効果が期待される。また，セグメントされた対象に呈示したほうが高い広告効果が得られる傾向がある（水島，2002）ことから，インターネット広告におけるリスティング広告（検索サイトで入力した用語と関連したバナー広告を呈示するもの）や行動ターゲティング広告（消費者のインターネット利用履歴から，ユーザーの嗜好と関連すると思われるバナー広告を呈示するもの）のように消費者の関心と関係の深い商品広告を呈示することが効果的であると思われる。

■■■ 3 ── 広告の呈示回数の効果 ■■■

　刺激反復呈示によって刺激への好意度は上昇するが，過度の呈示は好意的反応を抑制する。刺激への好意度に影響を及ぼす要因として，刺激の「不確定性」がある（たとえば，McMullen & Arnold, 1976）。不確定性は刺激の反復呈示による刺激の熟知によって減じられていく（Hargreaves, 1984）ため，刺激の初期状態の不確定性が最適水準より高ければ，反復呈示によって不確定性が低下して最適水準に近づくため刺激への好意度は上昇し，最適水準を越えるとその後は減少していく。ここでは広告反復提示による促進効果と抑制効果について，それぞれ紹介していく。

(1) 広告反復呈示の促進効果

　単純接触効果とは刺激反復呈示によって刺激への好意的反応が上昇する効果を指すが，過度の呈示は刺激の不確実性を低下させ，その後の倦怠効果を導くことが指摘されている（Anand & Sternthal, 1990 ; Bornstein et al., 1990）。広告においても多くの研究によって反復呈示の効果が検討されており，接触頻度とともに広告効果の上昇が示されている（たとえば，テレビCMを用いたものとして，レザンスら（Rethans et al., 1986），ラジオCMを用いたものとして，伊東（1995），インターネット広告を用いたものとしてゴングとマドックス（Gong & Maddox, 2003）の研究などがあげられる）。
　以下では筆者らが行った2つの広告反復呈示実験を紹介する。
①視覚広告（バナー広告）を用いた実験
　1節で述べたように，バナー広告はクリックすることで広告を見たユーザーをサイトに誘導することが可能である。バナー広告の効果はクリックスルー率で測られてきたが，バナー広告への単純接触による広告効果を考慮に入れる必要がある。そこで，バナー広告の反復呈示が消費者の商品に関する知識や好感度，さらに購買行動に及ぼすプロセスを検討した（松田ら，2007）。実験は第1に，広告刺激として商品画像と商品名からなる模擬バナー広告による視覚刺激を反復呈示した。第2に，Webページ上のほかの情報に注意が行きバナーが

Ⅳ──単純接触効果と日常生活

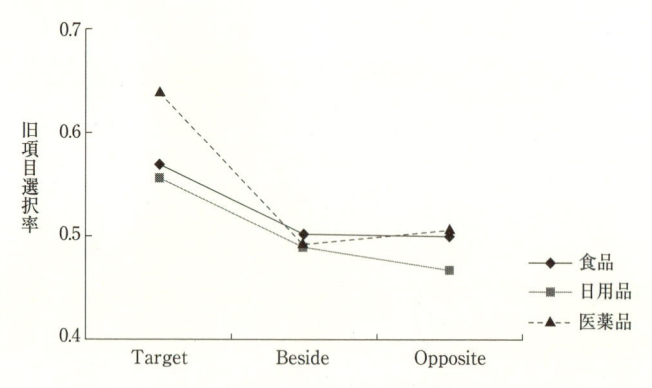

図10-2 既知性高商品名の好意度判断（値の範囲：0〜1）
（松田ら，2007を改変）

見落とされるバナー無視（banner blindness）効果（Bentway, 1999）を防ぐために，実験参加者には縦に3つ並んだバナー広告の一番上ないし一番下を見るよう教示し，刺激を焦点視野刺激（Target）と周辺視野刺激（Beside, Opposite）に分類した。

　実験の結果，全体的傾向を見た場合に，焦点視野に呈示されたバナー広告の商品は好まれ，買いたいと思わせることが示唆された（図10-2）。また，既知性の高い商品ほど当該商品への好意度，購買意図，および再認判断率が高いことが示された。商品名のような周辺情報がブランド購入に影響を与えるが（たとえば，伊藤，1999），バナー広告の反復呈示による，商品知識形成－再認－好意的反応－購買意図喚起，という一連の認知の流れが明らかとなった。
②聴覚広告（サウンドロゴ）を用いた実験
　視覚広告刺激を用いて得られた広告反復呈示効果を聴覚刺激においても得られるかを検討するために，刺激としてサウンドロゴを用いた（松田ら，2006）。サウンドロゴとは，テレビやラジオのCMにおいて，商品名・企業名・電話番号など消費者に印象づけたいものをコピー文にして，メロディに乗せて歌にしたものである。歌で表現したもの以外にも，人の声のみで作られたものやロゴタイトルにかぶせた音もサウンドロゴに含まれる（たとえば，阿部，2003）。ここでは，"商品名の含まれたコピー文をメロディに乗せた歌"をサウンドロゴとして用いた。独立変数としてメロディ親近性（高，低），呈示回数（0，

10章 広告の効果

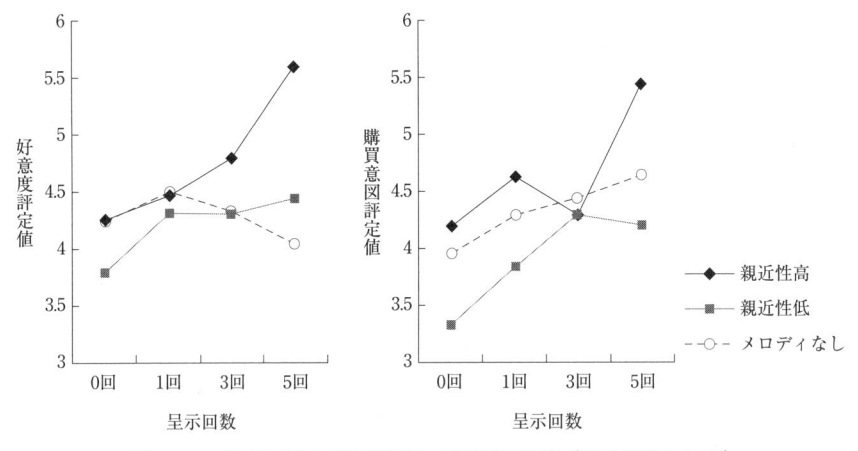

図10-3 サウンドロゴの好意度・購買意図評定（値の範囲：1〜7）
（松田ら，2006）

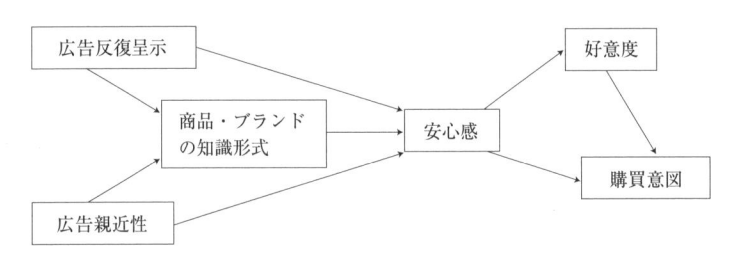

図10-4 広告接触から購買に至る認知プロセス
（松田ら，2006を改変）

1，3，5回）を設定した。統制群としてメロディなし群を設定した。実験は，参加者にサウンドロゴを聴覚呈示し，コピー文再生課題，コピー文に含まれていた商品名に対する典型性，安心感，好意度，商品購買意図評定を行った。

実験の結果，第1に，メロディ親近性とサウンドロゴ反復呈示によって安心感，好意度，購買意図評定値が上昇した。刺激反復呈示によって評定値が上昇し，かつ親近性の高いメロディにのせたほうがその度合いが高かった（図10-3）。第2に，サウンドロゴ反復呈示とメロディ親近性によって喚起された商品名への安心感が，商品名への好意度，商品購買意図に介在することが明らかとなった。第3に，メロディあり／なし条件とも反復呈示によって再生成績が増加したが，メロディなしのほうが成績が良かった。メロディあり条件では記

銘と再生の状態の違いが原因であろう。最後に、バナー広告を用いた実験と同様に、サウンドロゴ反復呈示・メロディ親近性－安心感－好意度－購買意図のモデル化を行った（図10-4）。以上の2つの実験によって、広告の単純接触効果には広告反復呈示によって形成されたブランドないし商品の既知性によって生じた安心感が介在していることが示された。

(2) 広告反復呈示の抑制効果

　視覚・聴覚広告の反復呈示による広告効果の上昇が示された一方で、広告のメッセージ効果は反復呈示初期で増加するものの呈示回数が増加するにつれて効果が減少することを示す研究や（たとえば、Berlyne, 1970；Cacioppo & Petty, 1979）、さらには広告の反復呈示とメッセージ効果との関係に懐疑的なもの（Johnson, 2000）や、無関係であると主張する研究もある（Belch, 1982；Mitchell & Olson, 1977；Rethans et al., 1986）。

　広告反復呈示効果の減退の原因として、コックスとコックス（Cox & Cox 1988）は広告メッセージの複雑さをあげている。新奇の広告は不確実性を内包しており、その反復呈示初期は新奇刺激の不確実性を減じて否定的応答を抑えることによって肯定的馴化を増加させるが、不確実性が最適な水準を越えると快感情は低下していく（McMullen & Arnold, 1976；Hargraves, 1984）。それ以外にも、反復呈示によって説得効果が上昇するとともに、ブーメラン効果のように説得的メッセージへの抵抗として反論が上昇する（たとえば、Cacioppo & Petty, 1979）、継続的反復は広告情報の処理を容易にし、その処理の単調さが倦怠を導き、効果の有効性を縮小する（Anand & Sternthal, 1990；Blair & Rabuck, 1998；Calder & Sternthal, 1980）、などが原因としてあげられている。

　このような広告反復呈示の抑制効果を回避するために、企業側は定期的にCMを新しいものと入れ替えたり、商品のモデルチェンジを行ったりしている。

■■■ 4 ──まとめ ■■■

　これまでに多くの研究によって広告反復呈示による広告のメッセージ効果および商品・ブランド評価の上昇、そして過度の反復による広告効果の抑制が示

されてきた。最適の呈示回数は研究によっても異なるが，だいたい10回から20回ほどの呈示で広告効果はピークを迎えるようである。しかしこれらはいずれも実験室実験という手法を用いたものであり，このような実験室的研究における刺激呈示状況や評定が，実際の広告接触場面と購買行動に直接適用できるものであるのか，という疑問が残る。

　一般場面において，ある消費者がある広告にどの程度の期間どの程度の頻度で接触したかを測定するのは困難である。インターネットではページビューの時間や回数の測定は容易であるが，そのページの中での広告に向けられた選択的注意の度合いまでは測定することができない。そのために，これまでは電通ベーシックCMテストなどを用いて大規模なプリ・ポストテストを実施することで間接的に反復呈示効果を測定してきた。最近はより客観的なデータを得るために，反応時間（RT）を測定するレスポンス・レイテンシー調査なども行われている（Zaltman, 2003）。

　今後は，実験室実験と社会・市場調査を併用することによって，一般場面における広告の単純接触効果を検討していくことが求められる。

11章

言語の単純接触効果

　私たちの暮らしは，コミュニケーション（伝え合い）によって支えられている。海外で言葉の通じない国に1人で行けば，とたんに困り果ててしまう。コミュニケーションの根源は言語と密接に結びついているという事実は疑いようもない。

　言語学の一分野である社会言語学では，「言語接触」がホットな話題となっている。言語接触は人間どうしのコミュニケーションにおいて生じるものだが，人間関係の秩序や社会のあり方を大きく変動させるパワーを秘めている。言語は人間の心をゆり動かすだけではなく，社会を組み立てる重要な道具であり，社会最大の公共財でもある。このように「心と言語と社会」の三者関係は切り離すことができない。

　これまで，心理学は言語接触にあまり関心がなかった。一方，言語学は単純接触効果に眼を向けてこなかった。本章は言語接触と単純接触効果の両者を射程に含んでいる。言語接触と単純接触効果は，いったいどのような関係にあるのだろうか。その一端をのぞいてみよう。

■■■ 1 ── 言語心理学から始まった ■■■

(1) 全国規模の接触効果

　日本の新聞で使用頻度が一番高い漢字は「日」であり，その使用率は新聞紙

---

*1　本章は，以下の論文を心理学向けにまとめ直したものである。
　　横山詔一・エリク＝ロング　2007　異体字の単純接触効果に関するロジスティック回帰分析──コーパス4種と最尤推定法を用いた検討──　計量国語学, 26, 19-30.
　　なお，エリク＝ロング氏ならびに計量国語学会からは，著作権等にかかる転載許可を得ている。

面に登場する漢字の1.4%を占める（横山ら，1998）。新聞をよく読む人であれば，一生を通じて「日」に接触する頻度は膨大なものになるだろう。米国の印刷物で一番よく使用される単語は「The」である（Kučera & Francis, 1967）。米国民の中には，一生で「The」を数百万回以上は見聞きする人がめずらしくないと考えられる。この種の言語接触は，どのような単純接触効果（mere exposure effect）を引き起こすのだろうか。ここで単純接触効果とは，なじみ（親近度：familiarity）のない新奇な刺激に繰り返し接触しているだけで，その刺激に対する好意度（favorability）が高まる現象をいう。

　ある商品や政党の宣伝がマスメディア等で全国に流れた場合，その商品や政党に対する接触頻度は社会全体で高くなり，大規模な単純接触効果を生み出す可能性がある。ただし，その効果を実際に測定し，検証するのは容易ではない。商品や政党の選好（preference）についての検討は，心理学だけではカバーできない多くの要因が複雑に絡んでいるため，経済学，経営学，政治学の守備範囲である。一方，言語における単純接触効果は，社会言語学（sociolinguistics）や言語心理学（linguistic psychology）の要因に狙いを絞ることができる。接触頻度と好意度の関係を正確に究明したいとき，言語は格好の刺激材料となるだろう。そのための方法論を経済学，経営学，政治学は十分にはもっていない。

(2) 言語心理学との接点

　ザイアンスは単純接触効果研究のパイオニアであり，社会心理学者として世界的に有名なのは周知の事実である。ところが，彼の出自や一連の研究をながめてみると，興味深いことに，社会心理学よりも，むしろ言語心理学への関心から単純接触効果研究をスタートさせたことがうかがえる。

　彼が単純接触効果を提唱したのは1968年の論文である。その論文で最初に登場する研究は，単語の接触頻度と好意度の関係を語彙表データによって裏づけようとする試みであった。すなわち，米国英語の各種辞書から「able-unable, better-worse, clean-dirty, good-bad, peace-war, life-death」などの対義語154ペアを抽出し，ペアのそれぞれについてどちらの単語が好きかを実験参加者に2肢強制選択法（2-Alternatives Forced Choice）で尋ねたのである。そしてソーンダイクとロジェ（Thorndike & Lorge, 1944）の語彙表を用いてペアの

それぞれに使用頻度のデータを付し，使用頻度を接触頻度の推定値とみなして選好との関係を分析した。その結果，ペアのうち実験参加者に選好される単語は使用頻度の高い方であることが示唆された。たとえばableとunableのペアでは実験参加者の100%がableを選好した。使用頻度はableが930でunableは239であり，ableの使用頻度のほうが高かった。これは，言語心理学あるいは計量言語学の研究そのものだといえよう。

次にザイアンス（Zajonc, 1968）は，木（例：pine），果物（例：apple）などの単語を1つずつ実験参加者に呈示し，どの程度好きかを0〜6の7段階評定尺度で尋ねた。その結果，単語の使用頻度と好意度の間には正の相関があることが示された。さらに，日本の漢字を使った単純接触効果の実験も行っている。

これらの一連の研究から，日常生活でよく使われる単語ほど好意度が高く，また好意度の高い単語ほど使用頻度が高くなるという解釈が導かれている。しかし，対義語154ペアによる研究については，ザイアンス自身も認めているように，対義語の抽出方法などに問題があるほか，ペアの単語どうしで文字数，発音，意味などが違っていたため，接触頻度の効果を正確にとらえていないとの疑いが残った。

(3) 日本語の幸運

英語など欧米諸外国語では，どんなに工夫しても，文字数や読みが等しい刺激のペアを大量に準備することは不可能である。ところが，幸運なことに，日本語の場合は，この問題をうまく回避できる。

日本語の漢字には異体字（variant）の豊富なバリエーションが存在する。異体字とは「桧－檜」のように読みと意味は同じで字体だけが異なる文字の集合を指す。異体字を刺激材料とすれば，文字数，読み，意味が等価で，形や画数だけが異なる刺激ペアを大量に作成できる。これは日本語を材料とするメリットの1つである。英語等の諸外国の言語でも「English－eNGLISH」というように，文字数，読み，意味が等価な言語刺激のペアを作成することは不可能ではないが，ペアの一方は明らかに人工的で，現実の生活にはほとんど登場しない架空の変異（variation）になるケースが多く，生態学的妥当性を著しく欠く。その点で，日本語における異体字は国民各層の言語生活に深く浸透しており，

日常場面でペアの両方を目にする機会があるものが多いので，適切な刺激だと言えよう。

社会言語学では，異体字刺激を用いた選好の研究がすでに行われている（横山・笹原・當山，2006）。その手法は，異体字ペアを実験参加者に呈示して字体選好課題を実施するというものである。字体選好課題とは「桧－檜」など263字種の新旧字体ペアを実験参加者に呈示し，携帯メールなどIT機器で字を書く場面をイメージしたときにより使いたいと感じるほうの字体を2肢強制選択法で直観的に選ばせる課題である。そのほか，字体親近度比較課題を実施する場合もある。その課題では，新旧字体ペア263ペアのうち，親近度（なじみ：familiarity）を強く感じるほうの字体を2肢強制選択法で判断させる。字体選好課題と字体親近度比較課題は，いずれも信頼性の高いデータを得られることが再テスト法によって示されている。

■■■ 2 ── 計量国語学の引力 ■■■

(1) 一般対応法則の導入

計量国語学（mathematical linguistics）では，「一般対応法則（the generalized matching law）」と同形の数式を使って，新聞のコーパス（corpus）で計数した漢字頻度から字体選好課題の結果を予測する試みがなされている（横山，2006）。コーパスとは電子化された言語資料を指す。一般対応法則とは，動物の選択行動研究からバウム（Baum，1974）が導いたもので，反応比$R1/R2$と強化比$r1/r2$が式(1)のような単純な関数関係のもとで対応していることをいう。logは自然対数（底はe），パラメータSは反応感度，bは反応バイアスを示す。

$$\log(R1/R2) = S \log(r1/r2) + \log b \cdots\cdots (1)$$

反応比，強化比とは，次のような意味である。ハトやラットなどの動物がキーを押すと餌（報酬）がもらえる環境を実験室内に準備し，2つのキーを設定する。たとえば，右側のキーを1，左側のキーを2としよう。1を押すと報酬が出る頻度は$r1$，2を押すと報酬が出る頻度は$r2$とする。この報酬頻度の比が強化比である。訓練（学習）を受けた動物がキーを押す反応の頻度を観察す

ると，1を押す反応頻度は$R1$，2を押す反応頻度は$R2$となる。この反応頻度の比が反応比である。左右キーの反応比は，強化比と，式(1)の形で対応することが数多くの研究で示されている（Woolverton & Alling, 1999；Belke & Belliveau, 2001）。

(2) 数理生態学との関係

この式(1)は，数理生態学の分野において野生動物集団がいくつかの餌場間でどのように分布するかを説明する「理想自由分布理論（the ideal free distribution theory）」とも一脈通じる部分がある。理想自由分布理論（Fagen, 1987；山口・伊藤，2006）におけるモデル式も，個体分布比を$R1/R2$，餌の量の比を$r1/r2$とすれば，式(1)と一致する。

(3) ロジスティック回帰分析への展開

今後，自然言語における単純接触効果の研究を進めるにあたり，選好の心的プロセスを視野に入れた計量的な分析法を手にしておくことはきわめて重要であろう。

横山と和田（横山，2006；Yokoyama & Wada, 2006）は，式(1)が「ロジスティック回帰分析（logistic regression analysis）」の形になっていることを指摘した。ロジスティック回帰分析は医学統計などのほか，社会言語学のラボフ（Labov, 1972）が開拓した変異理論（variation theory）の分野でもさかんに利用されている（Matsuda, 1993）。

そのモデル式は式(2)になる。Zは線型の関数である。2肢強制選択で選択肢1と2のうち1を選ぶ確率を$p1$とおくと，2を選ぶ確率は$1-p1$となり，式(2)の左辺に含まれる項$p1/(1-p1)$を「オッズ（odds）」という。

$$\log(p1/(1-p1)) = Z \cdots\cdots (2)$$

選択肢1と2の反応頻度をそれぞれ$R1$，$R2$とおけば，反応の合計頻度Nは$R1+R2$である。選択肢1を選ぶ確率$p1$は$R1/N$で，オッズは式(3)になる。オッズの対数を「対数オッズ」あるいは「ロジット」という。

$$p1/(1-p1) = (R1/N)/(R2/N)$$
$$= R1/R2 \cdots\cdots (3)$$

式(2)のZに$S\log(r1/r2)+\log b$を代入すると,式(4)になる。$p1/(1-p1)=R1/R2$であるから,式(4)は式(1)と等しい。つまり,式(1)は一般対応法則や理想自由分布理論の式と同形であり,しかもロジスティック回帰分析の式にもなっている[*2]。

$$\log(p1/(1-p1))=S\log(r1/r2)+\log b \quad \cdots\cdots \quad (4)$$

計量国語学における式(4)の検討は次のようにしてなされている。「桧－檜」のような異体字ペアのうち,日常の言語生活で旧字体に接触する頻度を$r1$,新字体に接触する頻度を$r2$とする。字体選好課題で旧字体を選択する人数を$R1$,新字体を選択する人数を$R2$とする(式(3)から$R1/R2=p1/(1-p1)$となる)。それぞれの字体に対して人間がどのくらい接触しているかの頻度$r1$と$r2$については信頼に足る実測データがどこにも存在しないため,ザイアンス(Zajonc, 1968)と同じく,コーパスでの使用頻度を接触頻度の推定値とする。コーパスで計数した漢字頻度データから式(4)の説明変数$\log(r1/r2)$を求め,最小2乗法によって目的変数である対数オッズ$\log(p1/(1-p1))$を予測してみると決定係数が.65を超えることが示された(横山,2006)。この予測精度は,自然言語を対象にしたこの種の研究においてはかなり高いといえる。ザイアンス(Zajonc, 1968)はこれと似た考え方を繰り返し述べているが,具体的な予測式は示していない。

■■■ 3 ── 大規模コーパスを使う ■■■

(1) 予測力の検証に向けて

以上のように式(4)は理論面で興味深い性質を有するのだが,その実際の予測力はどの程度なのだろうか。以下,新聞,百科事典,小説の3つのジャンルにおける4種類の大規模コーパスを用いて新旧両字体の使用頻度をカウントし,そのデータを式(4)に投入してパラメータのS(感度)と$\log b$(バイアス)を最尤推定法で求めた研究を紹介する(横山・ロング,2007)。ここでは選好と選

[*2] 式(1)から式(4)までの変形については別のやり方もあるが,ここでは式(2)のZに代入する式を明示できるように心がけた。これはZがリンク関数という役割を果たしているからである。リンク関数の説明は紙幅などの関係で他の機会に譲る。

択（choice）を区別しないで用いることがある。

(2) 異体字頻度をコーパスで調べる

刺激材料 横山とロング（2007）が用いた刺激材料の一部を表11-1に示す。ペアの呈示順序と新旧字体の左右位置はランダム化された。刺激項目は新旧263ペアで，以下の3つの規準にしたがって選ばれた。(1) JIS X0208-1983の第1・第2水準に含まれる漢字で，新字体（拡張新字体）と旧字体（正字体）の関係にあるもの。処理が複雑になるため，JIS漢字に含まれる異体字の中でほとんど使われないものは原則として扱わなかった。(2) MS明朝フォントとFA明朝フォントで各字体が表現できるもの。この基準を導入した理由は，ワープロソフトによる印字の制約を考慮したことによる。(3) 上記2つの規準に適合した異体字集合から，被調査者になじみがないと思われる字や，字種が多いグ

表11-1 新聞コーパスの旧字体頻度ロジットで排列した
京都4月データの一部 （横山・ロング，2007から引用）

新旧字体ペア	旧字体頻度ロジット	旧字体選好率(%)	新旧字体ペア	旧字体頻度ロジット	旧字体選好率(%)
尔爾	3.7297	62.5	狭狹	-6.8554	15.3
釟鐸	3.6636	58.3	国國	-6.8888	6.9
頚頸	1.9218	83.3	覚覺	-7.1291	0
迩邇	1.7918	45.8	銭錢	-7.1325	8.3
蕊蘂	1.6094	33.3	縄繩	-7.1412	0
篭籠	1.3072	79.2	焼燒	-7.1523	1.4
賎賤	1.2040	72.2	陥陷	-7.1593	4.2
鼡鼠	0.0953	83.3	歯齒	-7.3595	0
侭儘	0	37.1	訳譯	-7.3658	4.2
竜龍	-0.0929	34.7	騒騷	-7.3902	1.4
尭堯	-0.4618	33.3	駅驛	-7.4134	5.6
竃竈	-0.6931	18.1	誉譽	-7.6958	1.4
遥遙	-0.9008	40.3	飲飮	-7.7297	2.8
砿礦	-0.9808	22.2	奥奧	-7.8598	2.8
壷壺	-1.0498	88.9	巻卷	-7.9697	13.9
薮藪	-1.0745	38.9	読讀	-8.0790	4.2
鴬鶯	-1.2238	58.3	齢齡	-8.1253	1.4
涛濤	-1.2252	40.3	経經	-8.2610	1.4
潅灌	-1.3863	90.3	賛贊	-8.3638	1.4
	（中略）			（後略）	

ループの字を原則として削除した。

漢字頻度データ　異体字263ペアのうち，新旧両字体ともJIS X0208-1983で表示可能な86ペアについて新旧字体頻度を計数した。新旧字体頻度は，次の4種類のコーパスによって計数した。なお，電子化テキストの字体はコーパス間で統一されていない（Long & Yokoyama, 2005；横山・ロング，2007）。

(1) 朝日新聞データ：横山ら（1998）による朝日新聞コーパスの解析結果によるもの。1993年1月1日から12月31日の間に朝日新聞社東京本社管内で発行された最終版の朝刊および夕刊で，『CD-HIASK'93朝日新聞記事データベース』（朝日新聞社，1994）の電子化テキストに基づく。漢字の延べ数は1,707万字で，異なり数は4,562であった（横山・ロング，2007）。

(2) 小学館百科事典データ：『スーパー・ニッポニカ2001』（小学館，1998-2000）の電子化テキストに基づく。漢字の延べ数は2,357万字で，異なり数は7,103であった。これと以下2つのデータはロングと横山（Long & Yokoyama, 2005）による。

(3) 平凡社百科事典データ：『世界大百科事典』（平凡社，1998）の電子化テキストに基づく。漢字の延べ数は2,547万字で，異なり数は7,420であった。

(4) 新潮社小説データ：『新潮文庫の100冊』のほか明治期と大正期の文豪や絶版の作品を掲載した計4枚のCD-ROMに基づく（新潮社，1995，1997a，1997b，2000）。これらのうち『新潮文庫の100冊』の作品は他のCD-ROMにも重複して収録されている場合がある。その重複部分は削除して『新潮文庫の100冊』の収録作品を残した。漢字の延べ数は1,698万字で，異なり数は6,221であった。

手続き　実験の冒頭で「ワープロを打っている場面だけをイメージするように」と伝え，異体字のペアを実験参加者に呈示して，より使いたいと感じるほうの字を選択させた。具体的な教示は次の通り（横山・ロング，2007）である。「この実験は，漢字の使われ方を調べるものです。これから，字の形は違いますが，読みと意味がまったく同じ漢字のペアをお見せします。たとえば「断」と「斷」は，同じ読みで同じ意味の漢字のペアです。もし，あなたがワープロを打っているとしたら，どちらの字を使いたいか，教えてください。2つの漢字をよく見て，使いたいと感じる程度を比較し，より使いたいと思うほうの字

に○印をつけてください。両方とも使いたい，あるいは両方とも使いたくないと感じるペアがあるかもしれませんが，とにかく，どちらか一方の字だけに○印をつけてください。判断は，あまり深刻に悩まずに，直観的に行ってください。(以下略)」

実験参加者 異体字ペア263ペアの字体選好課題データは次の3種類のデータセットから構成されていた（横山・ロング，2007）。

(1) 東京データ：東京都内の女子大学生85名を対象に1996年から1997年にかけて収集した。
(2) 京都4月データ：京都市内の立命館大学の学生72名（男性20名，女性52名）を対象に1998年4月に収集した。
(3) 京都9月データ：先の京都選好4月データの実験参加者を対象に同じ実験を約半年後に実施した。実施時期は1998年9月。

(3) 予測は的中するか

異体字263ペアのそれぞれについて旧字体選好率を算出した。（100%から旧字体選好率を引き算すれば新字体選好率が得られる。）263ペアのうち新旧字体ともにJIS X0208-1983で表示可能な86ペアを抽出した。これ以外の177ペアは旧字体がJIS X0208-1983で表示できないため，以後の分析からは除外した。表11-1に新聞コーパスから得た旧字体頻度ロジット$\log(r1/r2)$と，京都4月データによる旧字体選択率のうち，86ペアの一部を示す（横山・ロング，2007）。

回帰分析の結果 この実験は，より使いたい方の字体を選択する課題であった。$R1$を旧字体選択人数，$R2$を新字体選択人数，$r1$をコーパスで計数した旧字体頻度，$r2$を新字体頻度として式(1)のロジスティック回帰分析を行った。具体的には，目的変数を東京データ，京都4月データ，京都9月データのそれぞれにおける$R1/R2$とし，説明変数を朝日新聞，小学館百科事典，平凡社百科事典，新潮社小説のコーパスごとの$r1/r2$とした。パラメータは最尤推定法で求めた。得られたすべてのパラメータについてWald検定を実施し，いずれも有意（$p<.01$）であることを確認した（横山・ロング，2007）。

式(4)を変形すると式(5)が得られ，異体字ペアごとに旧字体選択確率$p1$の予測値を求めることができる。

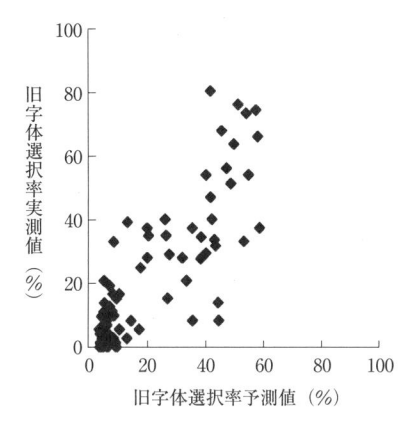

図11-1 字体選好課題（京都9月）における予測値と実測値の散布図（横山・ロング，2007から引用）

表11-2 字体選好課題における感度（S）とバイアス（$\log b$）の推定量
（横山・ロング，2007から引用）

コーパス	地域と時期								
	東京			京都4月			京都9月		
	r^2	S	$\log b$	r^2	S	$\log b$	r^2	S	$\log b$
新　聞	.517	0.294	-0.301	.623	0.379	-0.147	.646	0.323	-0.232
事典 a	.604	0.195	-1.075	.659	0.237	-1.148	.688	0.205	-1.082
事典 b	.590	0.165	-1.008	.670	0.203	-1.063	.657	0.171	-1.011
小　説	.612	0.209	-0.957	.696	0.259	-1.010	.697	0.220	-0.959

＊決定係数はすべて有意（$p<.01$）。また，いずれのパラメータもWald検定で有意（$p<.01$）。

$$p1 = 1 / (1 + \exp[-S\log(r1/r2) - \log b]) \quad \cdots\cdots (5)$$

この式(5)に小説コーパスから求めた頻度を代入し，旧字体選択確率の予測値を求めた。それと実測値の散布図を図11-1に示す。

また，表11-2には，すべてのパラメータと決定係数を示す。予測値と実測値の積率相関を2乗した決定係数はいずれも.500を越え，最大は.697に達した（無相関検定の結果はすべて$p<.01$，$df=84$）。

決定係数をコーパス間で比較してみると，小説が東京データ，京都4月データ，京都9月データのいずれにおいても高く，他の3つのコーパスより優れていた。逆に，新聞はいずれにおいても最小値であった。百科事典の2つのコーパスは，小説と新聞の中間に位置づいていた。

以上のようにかなり高い予測精度が得られた理由として，異体字刺激を用いた利点を指摘できる。ザイアンス（Zajonc, 1968）のように対義語ペアを実験参加者に呈示して選好課題を行う場合は，刺激ペア間で文字数，読み，意味のいずれかに違いが生じてしまうため，それが撹乱要因となって単純接触効果の純粋な決定係数を知ることがきわめて困難だった。本研究の異体字ペアはこの問題が生じないので，ここで得られた決定係数r^2の約.500～.697という数値は，言語表現の選好に及ぼす単純接触効果の影響の大きさをかなり正確にとらえているといえるだろう。ある文字の社会における使用頻度が高い場合は，人間がその文字に接触する確率が高くなり，接触確率が高くなると単純接触効果が生じて好意度が高くなると考えられる（横山・ロング，2007）。

4 ── 言語政策とのリンク

(1) 文字生活のサイクルモデル

以上のように，異体字の接触頻度と好意度の関係は一般対応法則に基づくロジスティック回帰式でかなり正確にとらえられるようである（横山，2006；Yokoyama & Wada, 2006；横山・高田・米田，2006；横山・ロング，2007）。すなわち，異体字の選択においては「頻度→接触確率→親近度→好意度」という流れがあるようにみえる。この流れは，どうやらサイクル（循環）をなすと考えてよい。この点について説明しておこう。

日常の言語生活は，どの表現を選択するかという意思決定（decision making）の連続である。方言と共通語の使い分けや，相手に対する呼称を「様－さん」のいずれにするかなど，ある表現が選択された背景には相手との親疎関係や上下関係などいろいろな要因が意識的・無意識的に影響している。それらの中で重要な位置を占めるのは選好であろう。人間は好きな表現を選んで使う傾向にある。では，日常生活における異体字の選択は，どのようなメカニズムによって決定されるのであろうか。日々の文字生活の中で，人間は意識的・無意識的にさまざまな文字刺激に接触している。その接触頻度の高低によって，その文字に対する記憶痕跡の強度が変化し，それが心的辞書（mental lexicon）の形成や言語行動に影響を与える。図11-2は文字生活のサイクルモ

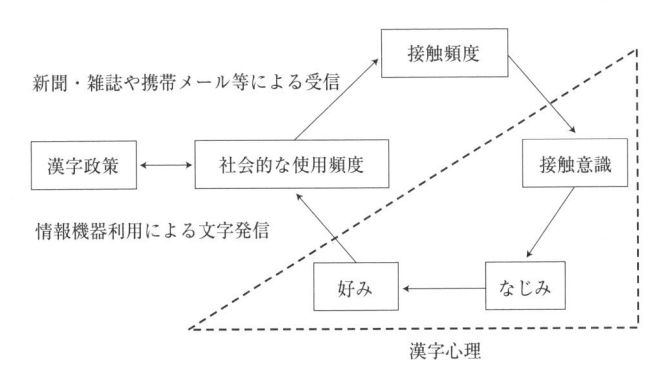

図11-2　文字生活のサイクル
（横山，2006から引用）

デルである（横山，2006）。ここに示すように，文字と人間と社会の3者は「<u>社会的な使用頻度</u>→接触頻度→接触意識→なじみ（親近度）→好み（選好）→<u>社会的な使用頻度</u>→……」という循環のなかに位置づけられているのであり，切っても切れない関係を結んでいると考えて大過ないであろう。

(2) 漢字刺激の潜在単純接触効果

　ザイアンスは単純接触効果の研究を始めた1968年以降，一貫して漢字刺激を使い続けてきた。その理由は，おそらく，漢字刺激を用いると実験がうまくいくからではないかと推察する。漢字は視覚パターンとして凝集性があり，偏や旁といった構造を有している点でランダム図形パターンとは一線を画する。非漢字圏実験参加者にとって，漢字は新奇刺激であるが，何回か接触するうちに経験の痕跡が心内に蓄積されやすいという性質をもっているのかもしれない。だれしもはじめて見る漢字は新奇刺激であるが，学校教育や日常生活で意識的・無意識的にそれを目にしているうちに，その漢字刺激に対する好意度が高まっていくのであろう。

　単純接触効果は意識下でも生じることがクンスト-ウィルソンとザイアンス（Kunst-Wilson & Zajonc, 1980）を端緒として世界各国の多くの研究で実証されており，信頼性が高い。その実験はいろいろな方法があるが，脳科学研究の分野では次のような研究例がある。英国人9名の実験参加者に対して，彼らが

見たことのない漢字20字（隊，謙，働など）を1文字ずつ0.05秒間だけ瞬間呈示し，続けてマスキング刺激を0.45秒間呈示した。各漢字は10回ずつ呈示され，刺激呈示に要した時間は合計で1分40秒であった。このような条件下で英国人が新奇な漢字刺激を知覚するのはほぼ不可能であり，その漢字刺激を見たという接触意識さえもてない。ところが，刺激呈示終了後に，経験済みの漢字とそうでない漢字をペアで示して，どちらをより好むか2肢強制選択法でたずねると，経験済みの漢字が選ばれる傾向にあったと報告されている（Elliot & Dolan, 1998）。漢字のほかに，図形，写真，広告ロゴなどを刺激とした場合の単純接触効果の研究は生駒（2005）に詳しい。

(3) 好きなものには「なじみ」を感じるか

モニン（Monin, 2003）は，新奇刺激で美しい顔とそうでない顔を実験参加者に呈示すると，美しい顔の親近度評定の方が高くなると報告している。これは図11-3に修正を求める説であり，「好み（選好）→なじみ（親近度）」という流れも存在しうることを示している。異体字ペアの場合は，そのような流れはあまり強くないように思われるが，今後慎重に検討すべき課題だといえよう。

(4) 言語政策への貢献

文字は公共財であり，言語生活を支えている。図11-2のサイクルモデルに示す通り，文字政策が変化すると社会的な使用頻度が変化するので，ある文字に対する単純接触効果にも変化が生じる可能性がある。たとえば，マイクロソフト社が2007年1月30日に発売したWindows OS「ビスタ（VISTA）」は，「JIS X 0213：2004」に対応した字体（字形）を搭載している。JIS X 0213：2004とは，経済産業省がJIS漢字（JIS X0213）の160字種あまりについて規格書の例示字形を2004年2月に変更したものを指す。周知のようにJIS漢字規格は文字政策の1つとして強い影響力をもっている。

當山（2006）や横山・高田・米田（2006）は，このビスタの登場が国民全体の文字生活になんらかの変化をもたらすと予想している。その理由は次のとおりである。ビスタ登場以前は，通常の電子メールで図11-3(b)に示す「葛」を使いたい場合でも，原則として図11-3(a)の「葛」しか使えなかった。と

葛　　葛
(a)　　(b)

図11-3　JIS漢字で例示字形が変更された例
（横山・笹原・當山，2006から引用）

ころが，ビスタではこの関係が逆転し，原則として図11-3(b)の「葛」がIT機器に標準装備され，それ以前の標準であった「葛」（図11-3(a)）は標準的な字体ではなくなった。

　このような文字政策の変化は，その影響がいずれ日本全国に及び，大規模な単純接触効果として観測される可能性がある。そのデータ解析に本研究の手法が有用となるだろう。

　冒頭部で述べたように，ある商品や政党の宣伝がマスメディア等で全国に流れた場合，その商品や政党に対する接触頻度は社会全体で高くなり，大規模な単純接触効果を生み出す可能性があるものの，その効果を検証するのは容易ではない。しかし，文字政策の変化に伴う全国的な単純接触効果は，社会言語学や言語心理学の手法でとらえることができそうである。接触頻度と好意度の関係を正確に究明したいとき，異体字選好課題は有力な検証手段になると考えられよう。

12章

衣服の単純接触効果

> 本章では衣服を刺激対象とする単純接触効果の研究を取り上げる。まず，衣服がなぜ興味ある刺激対象になるのかについて述べる。次いで，筆者らが行ってきた新奇な衣服を刺激対象とする一連の研究を紹介する。さらに，これらの研究結果に基づいて，衣服の流行過程に関わる諸々の動機の中に，単純接触効果に起因する動機をどのように位置づけることができるのかについて試論を提出する。最後に，今後の研究の課題について考察する。

1 ── 衣服と単純接触効果

　単純接触効果に関する従来の研究をみると，視覚においては，無意味図形，文字，絵画，人間の顔などのさまざまな刺激対象が用いられてきたが（Bornstein, 1989），衣服を中心とするファッションを刺激対象にとする研究がなされていなかった。そこで，筆者らは1992年に衣服においても単純接触効果が出現するかどうかの研究に着手した。今まであまり目にしたこともないくらいの新奇な衣服に対して接触回数が増えると好感度がどのように高まるのか。筆者らはこの問題に大きな関心をもった。単純接触効果が衣服を対象にした場合でも成り立つことになれば，衣服を中心とする流行の採用について，従来とは異なる解釈が成り立つ可能性が考えられたからである。すなわち，流行の採用については，初期においては人より目立ちたい，という動機がより大きく関係し，最盛期以降には，主として乗り遅れまい，とする同調の動機が関係するものとされてきた。もちろん，これらの動機が関係していることは明らかでは

あるが，それ以外に単純接触効果による影響も一因としてあるのではないかと考えた。衣服を例にとるならば，ある衣服がある程度流行し始めれば，販売している店先，着用している人々，雑誌やテレビなどからその衣服または衣服写真を何回となく目にする機会も増え，自然に見慣れてくることになる。見慣れることにより，その衣服に好感を抱くようになり，自発的に着用するようになるという解釈である。従来指摘されてきた流行への同調動機には，集団や社会に積極的に適応したいという同調以外に，自分が変わり者であると思われたくないという気持ちから，たとえその衣服が好ましく感じられなくても着用してしまうという内容を含んでいた。しかし，流行している対象を，あちこちで見かけ目にする頻度が増すにつれて，だんだんと好感度も増し，自発的に好んで「着てみたい」として着用するのではないか，という点で従来の考え方と異なってくると考えられる。

　もし衣服において単純接触効果が認められれば，流行採用の説明として従来指摘されていた動機だけでなく，単純接触効果による説明も加えなければならないことになる。つまり，衣服において単純接触効果があらわれることが確認されれば，それは特別な意味をもつことになる。従来の流行採用の動機に関する説明を一部塗り替えることになるからである。

2 ── 衣服を対象とした単純接触効果の多面的研究

　1968年にザイアンス（Zajonc, 1968）は，新奇で奇異に感じる刺激対象でも繰り返し接触することにより好感を抱くようになる，という単純接触仮説を提出した。今までに衣服を刺激対象にした研究がなされていなかったので，筆者らは1992年に行った研究を皮切りに，モデルが着用した新奇な衣服を刺激対象とする8つの単純接触効果の研究を行い，発表してきた。これら8つの論文を順に研究1から研究8までとし，以下にその概要を紹介する。

（1）新奇さの度合いと単純接触効果

　研究1（長田ら，1992），研究2（長田・小林，1995）では，衣服を刺激対象にした場合，単純接触効果が成り立つのかどうかを検討した。

IV──単純接触効果と日常生活

　まず研究 1 においては，新奇な衣服を対象とした場合に単純接触効果が出現するのかどうかを検討した。刺激対象としてファッション雑誌から選んだ新奇な衣服写真を用い，好感度の尺度としては，「感じのよい－感じのわるい」，「親しみやすい－親しみにくい」，「好きな－嫌いな」の 3 尺度を用いた。呈示回数は 1 回，10回，20回の 3 呈示条件で行った。結果は「親しみやすさ」，「好きな」の尺度に，呈示回数が20回になれば，単純接触効果が出現することが明らかになった（図12-1）。

　次に研究 2 において，新奇さの度合いを，極高・高・中・低・極低の 5 段階に分けて，好感度の変化を検討した。その結果，新奇さが「極高」の場合においてのみ，10回呈示条件より20回呈示条件の好感度のほうが有意に高くなり，単純接触効果が認められた。しかし，1 回呈示より10回呈示のほうが好感度の平均が有意に低くなっており，一度好感度は落ち込んでいた。研究 1 では同一実験参加者に 1 回呈示と10回呈示と20回呈示の 3 条件ともを同時に実施したのに対して，研究 2 は，同一実験参加者には，いずれか 1 条件のみを実施したため，さまざまな他の偽装の衣服写真の中に織り交ぜて呈示したのであるが，1 種類の衣服写真に意識や注意の集中が起こったのではないかと考えられる。したがって，研究 2 では単純接触効果が生じるのは新奇度がきわめて高い衣服においてであることが明らかになるとともに，刺激対象への意識や注意の集中－分散に焦点を当てた研究が重要な意味をもつことが示唆されたといえる。

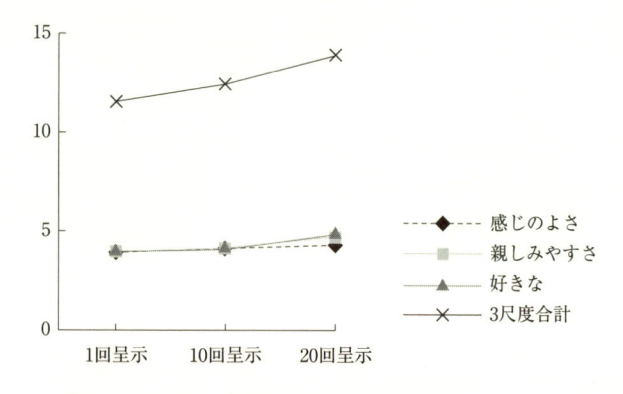

図12-1　研究 1 （長田ら，1992）の結果

(2) モデルの影響と単純接触効果

 さらに，研究3（長田・小林，1996），研究4（長田・小林，2005a）では，刺激対象として衣服着用写真を用いると着用モデルが結果に影響したことが考えられたため，着用モデルの影響に焦点を当てて単純接触効果の出現を検討した。

 研究3においては，刺激写真の衣服を着用しているモデルについて「スーパーモデルである」という事前情報を与えたとき，好感度がどう変わるかを検討した。結果は，「好きな」の評定のみ，単純接触効果が出現した。研究1とは，事前情報の提供以外は，基本的に同様の手続きであったが，研究1においては「親しみやすさ」にも効果が認められていた。この結果は，スーパーモデルが着用している衣服という情報が，実験参加者に「別世界にいる人が着用している衣服なので親しみにくい」という印象を持続させる一方で，有名なモデルの着用している衣服なので良い衣服に違いないとして，その衣服に繰り返し接触する過程で「好きな」の印象が増幅されていったのではないか，という可能性が考察された。

 研究4では，単純接触効果が，実験に用いた写真画像のモデルの顔を見慣れることによって出現したことも考えられるため，衣服自体においても効果が出現することを検討した。刺激画像には，衣服着用モデル写真とモデルの顔のみをくりぬいた衣服のみの写真の2パターンを使用し，好感度尺度に「感じのよさ」，「親しみやすさ」，「好きな」，「心地よさ」の4尺度を用いた。結果は，衣

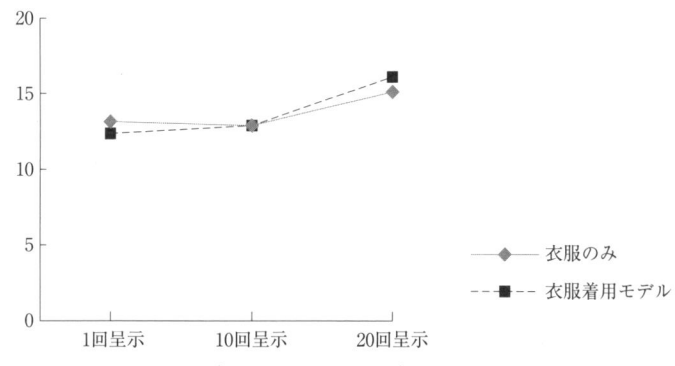

図12-2 研究4（長田・小林，2005a）の結果

服のみの写真を刺激としたものの「親しみやすさ」,「好きな」,「心地よさ」,「4尺度合計」において,呈示回数が増すにつれて好感度が増し,衣服自体においてもたしかに単純接触効果が出現することが確認された(図12-2)。

(3) 閾下呈示と単純接触効果

次に,単純接触効果が意識下である閾下で出現しやすい,という先行研究(Kunst-Wilson & Zajonc, 1980 ; Bornstein & D'Agostino, 1992など)と同様に,衣服を刺激対象にした場合も成り立つのかどうかを,研究5(長田・小林,2006b),研究6(長田・小林,2007)で取り上げた。

まず研究5では,3つの実験を行い,刺激対象を閾下呈示すると,単純接触効果が出現しやすいという傾向が,対象を衣服にした場合にもみられるかどうかを検討した。実験は,閾下(50%以下)で行った実験1,100%はっきり見える状態を避けつつ,閾上(60〜90%)でありながら瞬間呈示で行った実験2,実験をまったく意識しない閾下状態で行った実験3の3実験であった。実験1,実験2は個人ごとに違う閾値で実験したため,個別実験であり,実験3は一律33msecの長さでビデオの中に混ぜたものを見せて行う集合実験法で実験した。筆者が作成した新奇なファッションのイラスト画を刺激画像(図12-3)とし,1回,10回,20回の3呈示条件とし,好感度尺度に「感じのよさ」,「親しみやすさ」,「好きな」,「心地よさ」の4尺度を用いた。結果は3つのすべての実験において,20回になれば単純接触効果が出現した(図12-4)。しかしながら,実験1は「好きな」と4尺度合計において,実験2では「心地よさ」以外のすべての好感度尺度において単純接触効果が出現した。まったく実験を意識しない閾下状態であった実験3において最も多くの好感度尺度項目に有意差が認められる結果となり,単純接触効果が最も出現する傾向がある,という結果になった。しかしながら,研究6までのはっきり刺激対象を呈示する方法と比べると,実験1,2,3ともに全体的にすべての好感度尺度項目での評価が高く,単純接触効果がよりはっきりと出現しているといえる。

研究6では,閾下で刺激対象を呈示することにより,今まで最大20回までだった呈示回数条件を40回に増やして実験した。すなわち,呈示条件を1回,10回,20回,30回,40回の5呈示条件に増やし,単純接触効果がどの呈示回数で

12章 衣服の単純接触効果

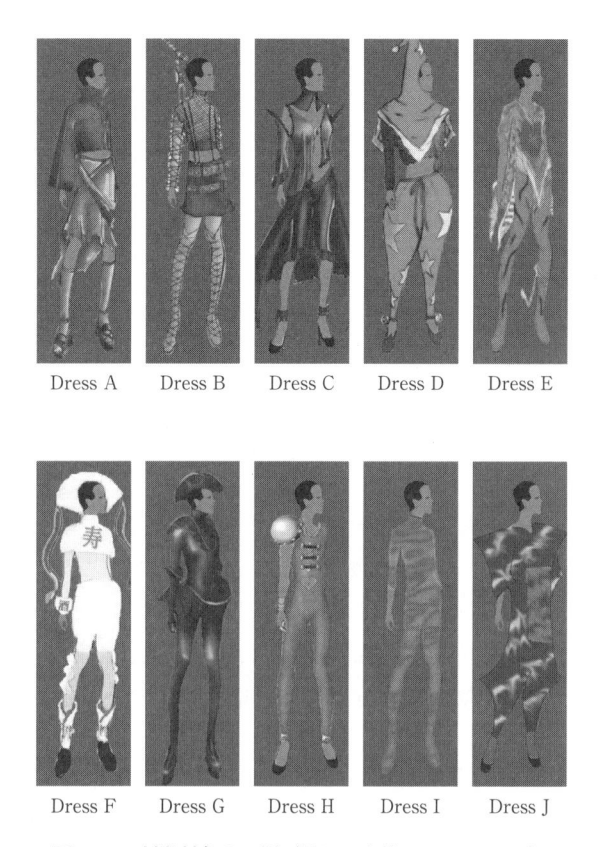

Dress A　Dress B　Dress C　Dress D　Dress E

Dress F　Dress G　Dress H　Dress I　Dress J

図12-3　刺激対象の一例（長田・小林，2006a，2007）

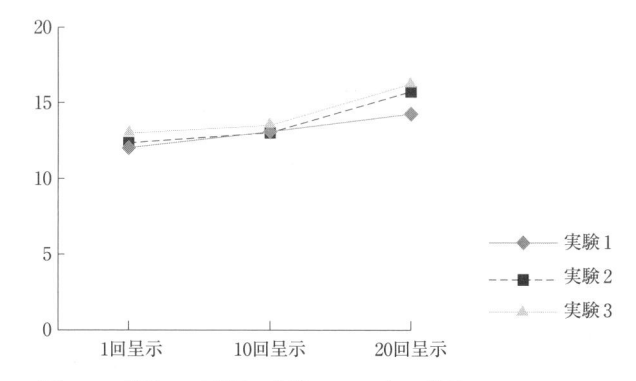

図12-4　研究5（長田・小林，2006b）の結果

133

出現しやすいかを検討した。実験方法は，研究5と同じ実験1〜3で行い，刺激画像も研究5と同じ筆者が作成した新奇なファッションのイラスト画（図12-3）を使用した。結果は3つすべての実験において，20回にかけて単純接触効果が出現し，20回を過ぎると好感度は下降していった。また研究5同様に，実験を意識しない実験3において最も単純接触効果が出現した。

(4) 柔道着のカラー化と単純接触効果

最後に衣服の色彩という側面に焦点を当て，単純接触効果が自然状況にどのように出現するのかを，研究7（長田・小林，2005b），研究8（長田・小林，2006a）で検討した。

研究7では，衣服における色彩という側面から，好感度の変化を実験的に検討した。男子カラー柔道着，女子カラー柔道着の2パターンを刺激とし，実験参加者は男女学生であった。好感度尺度に「感じのよさ」，「親しみやすさ」，「好きな」の3尺度を用いた。結果は女子柔道着にのみ，「好きな」，「親しみやすさ」において，単純接触効果が出現した。また男子参加者より女子参加者に単純接触効果が顕著に出現した。前述の研究2において，刺激対象が非常に新奇である場合に単純接触効果が出現したことを考えれば，女子参加者にとっては，柔道着はどちらかといえばなじみが薄いため，新奇性の高いものとして受けとめられ，単純接触効果が出現しやすい刺激対象として機能したと考えられる。

研究8においては，研究7と同じく衣服の色彩に対する側面から単純接触効果を考察したものではあるが，日常場面における衣服の印象の変遷の中で，はたして単純接触効果とみなしうるような効果が出現する可能性があるのかどうかを検討することを目的とした。カラー柔道着を対象として，普段柔道着に接する機会の多い男女柔道部員と，柔道着にはなじみの薄い男女一般学生を対象として行った。柔道部員には，国際柔道連盟（IJF）において青の柔道着が認定された1997年10月直後からの4年間にわたって，3大学の柔道部に所属する男女大学生に調査を実施した。結果は青の女子柔道着に，年月経過とともに好感度が有意に上昇するという単純接触効果ともいうべき現象が出現していた。また，青の柔道着が大々的に放映された2000年8月開催のシドニーオリンピッ

ク前後に,普段柔道着になじみの薄い男女一般学生を対象に,カラー柔道着における印象を調査した。結果は,青の柔道着に対して,好感度項目の評価の上昇はみられなかった。

　これらの結果より,見慣れて好感度が上昇したとしても,そこから先の実際に自分で着用する,という段階になると,女子のほうが積極的な傾向にあるようである。このことは実験的手法を加えた単純接触効果の色彩からの接近について考察した研究7の結果とあわせて,衣服の流行の採用に男子よりも女子のほうがより積極的であることが関連している可能性が考えられる。

　以上の8つの研究より,衣服を刺激対象にした場合においても単純接触効果が出現することが繰り返し確認されたといえるであろう。

■■■ 3──流行採用の動機群への新たな動機の位置づけ ■■■

　流行採用の動機として従来指摘されてきた諸動機を再整理し,そこへ新たに見出された好感度の動機を追加すると,どのような動機群が構成されるのであろうか。

(1) 流行採用の動機として従来指摘されてきた諸動機の再整理

　流行とは,特定の行動様式が一時的に相当広範囲の人々に受け入れられる現象のことである。その内容としては服飾(衣服・装身具)が最も多いのであるが,髪型,歌,言葉,スポーツ,機械器具,さらには人生観にまで及ぶとされている(斎藤,1959)。

　大橋(1972)によれば,ある流行の認知度ではなく,それを実際に採用するという実行度を考えると,その率はかなり低下するという。ことに服飾関係のものには経済的条件による制約が大きいので,5％以上の実行度をもつものは大流行の部類に属するといってよいという。現在では,価値観の多様化によって,さらに実行度は低下していると考えられる。流行採用といっても,しょせんはそういうレベルの中での問題なのである。

　さて,流行採用の動機として,古くからジンメル(Simmel, 1904),ボガーダス(Bogardus, 1931),さらにはヤング(Young, 1946)などの多くの研究

者がそれぞれいくつかの動機を指摘してきた。鈴木（1977）は，従来指摘されてきた流行採用の諸動機を詳細に吟味した上で，流行一般に関わる動機を5つにまとめている。(1)自己の価値を高くみせようとする動機，(2)集団や社会に適応しようとする動機，(3)新奇なものを求める動機，(4)個性化と自己実現の動機，(5)自我防衛の動機，の5つである。筆者らは，従来のこの種の研究に対して，2つの問題点があると考える。まず流行の初期と最盛期で関わる動機が当然異なると考えられるのに，従来の研究ではその点に対する考慮があまり払われていないことが問題である。鈴木による5つの動機の指摘も，流行採用に関わる諸動機を単に列挙しているという方式をとっている。もう1つの問題点は，筆者らが最も問題としてきたものであり，流行の対象に「好感を抱く」ので採用するという動機が明らかに含まれていないことである。

　流行採用の動機を指摘しても，流行の初期から隆盛を経て衰退に至る時間的経過のどの時点で関わる動機なのかを位置づけなければ，不十分である。

　技術革新の普及過程を，初期から隆盛を経て終息に至る時間的経過をモデル化した著名なものとして，ロジャース（Rogers, 1962, 1983）のモデルがある。ロジャースは普及過程を，革新者，初期採用者，前期多数採用者，後期多数採用者，遅滞者の5種類に分け，それぞれの出現比率を順に2.5％，13.5％，34％，34％，16％としてモデル化した。この理論モデルを流行，特に衣服の流行に転用して，そこに関わる動機を考察していくことも一法ではあるが，IT社会の中で影響過程自体が多様化している。そこで，流行過程を大きく初期段階，中期段階，後期段階の3段階に分けて，流行採用の動機を考察することにしたい。

　まず従来指摘されてきたさまざまな動機を再整理し，その再整理された動機が主に初期，中期，後期のいずれの段階に関わるのかをみてみることにする。

　流行の初期段階を彩る動機は，(1)新奇さへの動機，(2)優越への動機，(3)個性化への動機であると考えられる。(1)の動機については，人は自己を取り巻く環境から情報を得ようとする欲求や，自己に対する刺激となるような事物を求める傾向がある。このような「変化を求める気持ち」が流行を生み出すことになる。また(2)の動機については，自分が価値をおいている目標を達成する道具として流行が用いられることを指す。つまり，自分の高い社会的地位を

示すためや，異性に自分の魅力を呈示し注目や関心を得るために，流行が採用される。この動機の中には，なんらかの劣等感をもっていてそれを補償する手段として流行を採用しようとする動機が潜んでいることも多い。さらに(3)の動機については，他の人々とは異なる自分らしさや個性を求めようとする動機である。

　流行の中期段階を特徴づける動機は，(4)集団や社会へ自発的に適応しようとする積極的な同調動機であり，また後期段階を特徴づける動機は，(5)集団や社会に受け入れてもらおうとして表面的に同調しようとする消極的な同調動機であると考えられる。流行が最盛期の中期段階に至ると，もはや新奇さは失われ優越や個性化の手段にすることもできなくなり，流行の初期を支えた人たちの関心は，別の対象へと移っていくことになる。流行の中期段階に作用する動機は，(4)の動機であり，すでに社会規範化しつつある流行に積極的に同調し，社会的に適応しようとする動機である。すなわち，「これほどまでに人々が採用しているのは何か理由があってのことにちがいない」とみなして流行にどちらかといえば自発的に追随していこうとする動機である。そして後期段階で作用する動機は，(5)の動機であり，「流行遅れでヤボな人とみられたくない」として渋々追随していこうとする動機である。流行は，決して社会的強制力をもつものではないが，人々が無視できないのは，それがこうした影響力をもっているからであると考えられる。なお，中期段階と後期段階の相違については，ドイチュとジェラード（Deutsch & Gerard, 1955）が社会的影響を情報的社会的影響（informational social influence）と規範的社会的影響（normative social influence）とに分けたことが関わっていると考えられる。すなわち，他の人たちに同調する場合，ある程度納得して同調するのか，うわべだけで同調するのかの違いが考えられる。中期段階の(4)動機は，前者に近いものであり，後期段階の(5)の動機は，後者に近いものであると考えられる。

(2) 再整理された動機群への新たな動機の位置づけ

　さて，前節に紹介した筆者らの8つの研究結果から，従来指摘されてこなかった新たな動機の存在が示唆されたと考えられる。すなわち，少なくとも衣服においては単純接触効果に起因する動機が流行現象に関与する局面があるとい

ってよいであろう。具体的にいえば，街中で新奇な衣服を着た人を見たり，また雑誌，テレビ，ネットなどで新奇な衣服写真を見たりすることを何回か繰り返すと，その衣服に好感を抱くようになり，着用してみたいという動機があらわれてくることが考えられる。この動機は，人それぞれの内面に固有な動機とは異なり，見慣れさえすればだれにでも生じてくる動機であると考えられる。一般的には，目にする機会に恵まれるようになる中間段階に入ってからあらわれてくる動機であると考えられる。

　以上をまとめれば，流行の採用動機として，初期段階には(1)新奇さへの動機，(2)優越への動機，(3)個性化への動機があり，中期段階としては(4)単純接触効果に起因する，好感を抱くことによる動機，(5)集団や社会へ自発的に適応しようとする積極的な同調動機があり，そして後期段階として(6)集団や社会に受け入れてもらおうとする消極的な同調動機がある。これが，筆者が現在考えている試論である。

■■■ 4 ──今後の研究の課題 ■■■

　終わりに，今後の研究の課題を，衣服の単純接触効果自体の研究と，単純接触効果に起因する流行採用動機の研究とに分けて考察しておきたい。

(1) 衣服の単純接触効果自体に関する今後の課題

　まず第1に，ある新奇な衣服を目にする場合，雑誌，テレビ，ネットなどによる写真・映像の場合もあれば，街中で実際に人間が着用している場合もある。筆者らの研究では，刺激対象として衣服写真を用いてきたわけであるが，それは現実の衣服を目にする実験のシミュレーション実験としての意味からだけでなく，実際に雑誌，テレビ，ネットなどにおいて衣服の写真・映像を目にすることも多いことによっている。そこで，実際に人間が着用している衣服を目にしたときに，単純接触効果の現れ方はどのように異なってくるのかを，改めて検討してみる必要がある。

　第2に，衣服の新奇さという場合，いかなる側面が新奇なのかという問題がある。新奇さの側面としては，シルエット，デザイン，素材，色などがある。

筆者らの研究の中では，新奇なシルエットやデザインを刺激対象とした研究に研究 1，研究 2，研究 3，研究 4，研究 5，研究 6 の 6 研究があり，柔道着の色を変えて新奇さを変化させた研究 7，研究 8 の 2 研究，また衣服に缶やシマウマの頭を合成させた新奇な素材を刺激対象とした研究 4，とさまざまな方向から検討してきた。いずれの研究においても単純接触効果が出現している。今後の課題としては，衣服の新奇さのどの側面が，さらには新奇さの側面のどのような組み合わせが単純接触効果をより生じさせるかを追究していきたい。

(2) 単純接触効果に起因する流行採用動機の研究

本章では，「好感を抱く」から採用するという動機を中期段階に位置づけたが，同じく中期段階を支える積極的な同調動機とはどのような関係になるのか。好感を抱くことが先行して積極的な同調動機につながっていくのか，それとも両動機は別々に機能するのか。両動機がどのような関係を形成するのかについて研究する必要がある。

次に，見慣れて「好感を抱く」といっても，それによってただちに着用するという行動に移るとは限らない可能性が考えられる。単純接触効果と流行との関係の究明には，この点の究明が必要である。この問題は，単純接触効果が出現したかどうかを具体的に測定する好感度の尺度の形容詞にも関わる問題である。筆者らの研究では，研究 1，研究 2，研究 3，研究 7，研究 8 では「感じのよさ」，「好きな」，「親しみやすさ」の 3 尺度で測定し，研究 4，研究 5，研究 6 ではさらに「心地よさ」を加えた 4 尺度で測定した。単純接触効果に関する先行諸研究においては，その多くが「好ましい」に注目して検討してきているが，筆者らの最大 4 尺度での測定においては，同じような好感度を測る形容詞であっても結果に差が出ることから，さらに興味深い結果を得ることができた。これは，衣服が身近なものであり，しかも生活する上で必要不可欠なものであることにより，人々がきわめて多様なとらえ方をしているからであると考えられる。具体的には，好感度が上がり単純接触効果が出現したかどうかの中核であり，自分で実際に「着てもよい」と思える「好きな」，自分が着たいかどうかより他者の目を気にすると考えられる「感じのよさ」，自分が着る，着ないに関係なく鑑賞対象として許容できるかどうかに関係すると考えられる

Ⅳ──単純接触効果と日常生活

「親しみやすさ」,「心地よさ」などの尺度による感じ方の違いが効果の出現に差異をもたらすものと考えられる。今後は,好感度を測定する尺度として,「着てみたい」「着たい」などの流行現象に直結する行動傾向を測定する尺度を取り入れて,尺度のもつ意味の違いをさらに追究していきたい。

13章

香りの単純接触効果

　日常生活の中で，私たちはたくさんの人や物と接するとともに，さまざまな香りとも接触している。その香りは，自分が通った場所やすれ違った人から感じられる香りのように，受動的に嗅いでいる場合もあるし，自分が好んで使用している日用品に賦香されている香りのように，能動的に嗅いでいる場合もある。「単純接触効果」とは，繰り返し接することでその対象に対する好意度や評価が高まる現象であるが，どんな刺激に対しても接触によって好意の増大がみられるわけではなく，ネガティブ刺激に対しては好意の低下が起こることも報告されている（Swap，1977）。受動的であれ能動的であれ，毎日のように接する香りは，自分が快く感じている香りであれば，安心感につながり毎日の良いリズムとなってくれるであろう。しかし，それが不快に感じられるようになれば，その時点で少なくとも能動的に嗅ぐことはなくなる。つまり，それが商品の場合は再び使用されることはなくなってしまうわけである。香りの単純接触効果は，学術的興味だけでなく，香り関連商品の開発においても重要な研究である。

　本章では，嗅覚以外の刺激を対象とした先行研究により得られた知見と比較しながら，著者らが行った繰り返し香りを嗅いだ場合の嗜好変化についての研究と，そこから得られた知見を応用した香り商品開発についてまとめる。

1 ── 接触による香りの嗜好変化

(1) 香りの単純接触効果と嗅覚疲労

　視覚刺激を対象とした単純接触効果の先行研究では，短時間に刺激と複数回

Ⅳ──単純接触効果と日常生活

接触する実験が行われ，接触頻度が高いほうが好意度が高くなる結果が得られている。ザイアンス（Zajonc, 1968）は，12枚の顔写真を対象刺激とし，各出現頻度が0回，1回，2回，5回，10回，25回になるように2枚ずつ割り当て，合計86枚の写真を各2秒ずつ連続的に見せる実験を行っている。そこで，この実験をモデルとし，香りを対象刺激として短時間に複数回接触する実験を行ってみた。具体的には，事前調査により香りの嗜好が同レベルであった6種類の市販されているフレグランスを用い，各出現頻度が0回，5回，15回になるように2種ずつ割り当て，合計40回連続的に香りを嗅がせた。香りの嗅ぎ方は，各フレグランスを塗布（50ul）した綿（2cm四方）を入れた香り瓶（円柱ガラス容器：直径2.5cm，高さ5cm）を40本準備し，ランダムに配列した瓶口の香りを順番に嗅いでいった。そして，その後に6種すべてのフレグランスの嗜好評定を行った。その結果，評定前に嗅いだ頻度が高い香りのほうが嗜好が高いという結果は得られず，各フレグランスの嗜好評定は予備調査で得られていたものより顕著に低下していた。実験後の参加者のコメントから，40回香りを嗅いだ時点で嗅覚疲労を起こしていて，評定時に嗅いだ香りはとても好きとは感じられない状態になっていたことがわかった。香りを対象刺激とする場合は，嗅覚疲労を起こさない実験計画が必要である。

(2) 事前接触と香りの嗜好変化

では，嗅覚疲労を起こさない実験計画では香りにも単純接触効果がみられるのであろうか。実験参加者が香りに接触する回数を減らし，その香りを事前に嗅いでいたか，嗅いでいなかったかだけの違いによって香りの嗜好評定に変化がみられるか実験を行った（庄司ら，2005）。

刺激となる香りは前述と同じく，事前調査により香りの嗜好が同レベルであった6種類の市販されているフレグランスを用いた。香りの嗅ぎ方も同じく，香り瓶の瓶口の香りを嗅いだ。方法は，はじめに実験参加者毎に6種類のフレグランスから3種類をランダム抽出して割り当てておき，そのフレグランスが塗布されている香り瓶3本を嗅いでもらった。そして，5分間の安静の後，再度，同じ3種類のフレグランスが塗布されている香り瓶3本の香りを嗅いでもらった。同じ香りを繰り返し嗅いでいることを意識させないために，香り瓶は

あらかじめ6本用意しておき，はじめに嗅ぐ香り瓶3本と，次に嗅ぐ香り瓶3本は異なる瓶とした。最後に，5分間の安静の後にフレグランス6種類すべてについて香りの嗜好評定を行った。本実験では同一香の事前接触回数は2回で，3回目の接触で嗜好評定を行ったことになる。その結果，図13-1に示したように，評定前に嗅いでいたフレグランス3種と嗅いでいなかったフレグランス3種の香りの嗜好を集計したところ，評定前に嗅いでいなかった香りより，評定前に嗅いでいた香りのほうが嗜好が高く評定された。つまり，香りも接触により嗜好が上昇し，単純接触効果が起こることが確認されたのである。

香りごとに集計した結果を図13-2に示した。図13-2は，評定前にその香りを2回嗅いだ後に嗜好評定を行った群（事前接触あり群）と，評定前にその香りを嗅がないで嗜好評定を行った群（事前接触なし群）の比較を意味している。香り別にみて

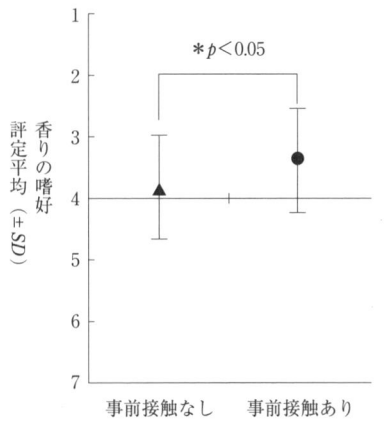

図13-1 事前接触による香りの嗜好変化

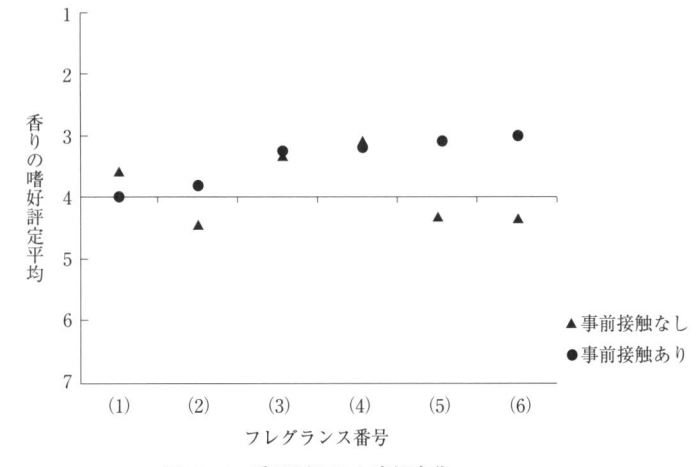

図13-2 香り別にみた嗜好変化

みると，接触により嗜好が高くなっている香りと，ほとんど変わらない香りがあることがわかった。この香り別の結果については，「3.(1)嗜好が上がる香りの特徴」で詳しくまとめる。

(3) 接触頻度と香りの嗜好変化

　嗅覚疲労が起きては嗜好の上昇はみられないが，視覚刺激のように接触頻度が増加すれば香りの嗜好の上昇幅は増加するか検討を行った。前記のように5分間の安静を取りながら事前接触が2回の実験では単純接触効果がみられたので，同じ実験系で事前接触回数を2回から4回，6回と増やして実験を行った（庄司ら，2006）。結果を図13-3に示した。事前接触回数を2回から4回，6回と増やしてもこの実験系では顕著な嗜好の上昇幅の増加はみられなかった。しかし，実験法を工夫してさらに事前に嗅ぐ回数を増やせば，香りでも接触頻度の増加による嗜好の増加が起こることを実験でとらえることができるのではないかと考えている。

(4) 再認と嗜好の変化

　事前に接触していた刺激と再び出会ったときに，同一の刺激であると認められることを再認という。クンスト-ウィルソンとザイアンス（Kunst-Wilson &

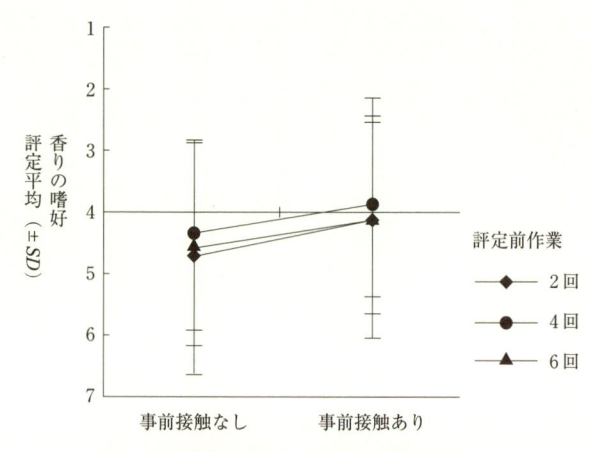

図13-3　事前接触頻度別の香りの嗜好変化

Zajonc, 1980）は，視覚刺激を用いて単純接触効果と再認の関係を検討している。方法は，20個の図形を対象刺激として，事前に10個の図形を実験参加者に見せ，その後，事前に見せていた図形と見せていなかった図形の10組のペアを呈示し，どちらの図形が好きで，どちらの図形を事前に見ていたと思うか（再認）を回答させた。その結果，どちらの図形を事前に見ていたかについては正答率は低かったが，事前に見ていた図形のほうが好きと回答する割合が高かった。つまり，事前にその図形を見ていたことを憶えていなくても，事前に見た経験があるほうが好きになり，再認できなくても単純接触効果は起こることを報告している。

　香りは憶えようと思ってもなかなか憶えることが難しい刺激であるが，図形による視覚刺激と同様に，接触によって嗜好の上昇が起こる場合に，事前にその香りを嗅いでいたことを憶えていることは必要ないのであろうか。再認と香りの単純接触効果について次のような実験を行った（庄司ら，2005）。刺激となる香りは前述と同じフレグランス6種類を用い，香りの嗅ぎ方も同じく香り瓶の瓶口の香りを嗅いだ。実験は記憶セッションⅠ，Ⅱと回答セッションからなり，はじめに記憶セッションⅠ，Ⅱで香りを記憶してもらい，その後の回答セッションで新たに渡された香りが，記憶セッションで嗅いだ香りかどうかを回答するように設定し，実験参加者には実験前に説明を行った。各セッションの香りの割り当ては次のように行った。記憶セッションⅠにおいて，実験参加者毎にフレグランス6種類の中からランダム抽出した4種類のフレグランスの香りを配布し記憶してもらった。記憶する際，香りの印象や嗜好についての評定も行った。そして，その後の記憶セッションⅡでは，記憶セッションⅠで嗅いだ4種類のフレグランスの中からランダム抽出した2種類のフレグランスを配布し記憶してもらった。記憶セッションⅡでは香りの評定は行わなかった。最後の回答セッションでは，記憶セッションⅠ，Ⅱで共に嗅いでいた2種類のフレグランスと，これまで嗅いでいなかった残りの2種類のフレグランスの合計4種類の香りを配布し，記憶セッションで嗅いだ香りだと思うかどうかについての再認の回答と嗜好評定を行った。各セッションの間には，5分間の安静時間を設けた。つまり，実験参加者により香りの種類は異なるが，回答セッションで渡された香りの中の2種は，記憶セッションで繰り返し嗅いでいるが，

残りの2種については事前に嗅いでいない香りになっている。図13-4に，記憶セッションⅠと回答セッションでの香りの嗜好評定結果について示した。記憶セッションと回答セッションで共に嗅いでいた2種の香りの嗜好評定結果を事前接触あり（図13-4：●），記憶セッションでしか嗅がなかった香りと回答セッションでしか嗅がなかった香りの嗜好評定結果を事前接触なし（図13-4：▲）として集計した。事前接触あり条件では，記憶セッションよりも回答セッションのほうが香りの嗜好が高く，香りの単純接触効果が認められた。事前接触なし条件では，嗜好の違いがみられず，繰り返し嗅いでいない香りは嗜好が変化しなかった。次に，単純接触効果がみられた事前接触あり条件の香りの再認の結果を図13-5に示した。事前接触あり条件の香りは，実際にはすべて記憶セッションで嗅いでいたが，87.5%の香りについては記憶セッションでその香りを嗅いでいたと回答（正解）し，12.5%の香りについては嗅いでいないと回答（不正解）した。再認の回答別に嗜好の変化をみてみる（図13-6）。香りを嗅いでいたと回答した香りも，嗅いでいないと回答した香りも，記憶セッションよりも回答セッションのほうが嗜好が高くなっていた。この実験では，用いたフレグランス数が少なく，香りを嗅ぐ回数や時間もあまり多くなかったことが原因と考えられるが，再認の正解率が高く，香りを嗅いでいたのに嗅いでいたことに気づかない割合は低かった。しかし，香りを事前に嗅いだことを

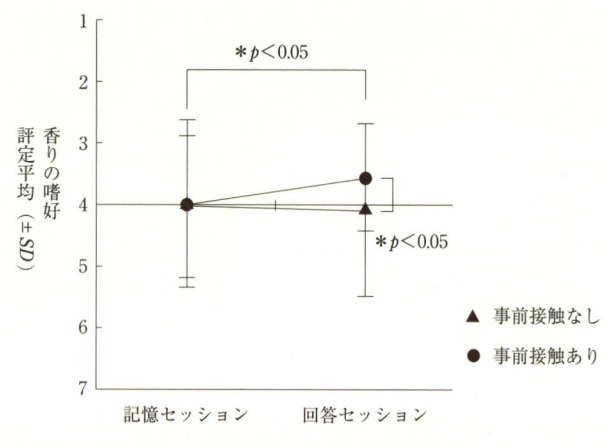

図13-4　事前接触別の香りの嗜好変化

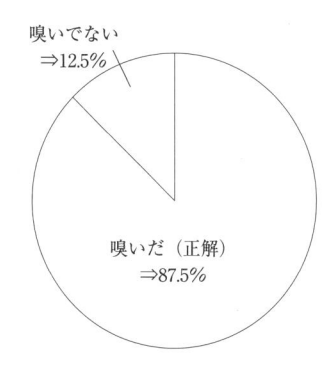

図13-5　香りの再認結果

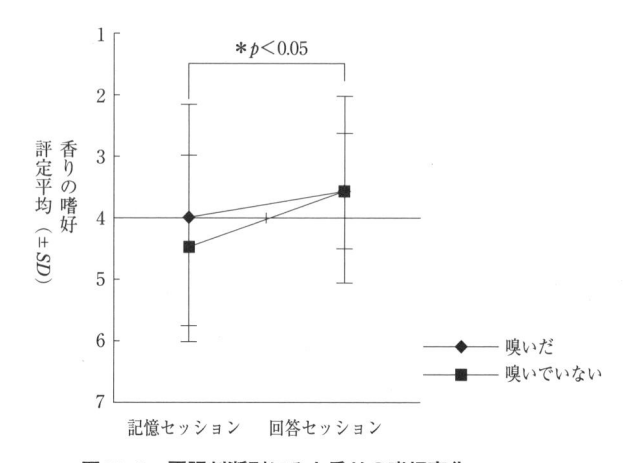

図13-6　再認判断別にみた香りの嗜好変化

憶えていてもいなくても，香りを嗅いだ経験があれば嗜好の上昇が起こることが明らかとなった。有意差は得られなかったが，むしろ，嗅いでいないと回答した香りのほうが嗜好の平均値の変化量が大きい可能性も考えられる結果であった。ちなみに，事前接触なし条件の香りでは，記憶セッションで香りを嗅いでいたと回答した香りも嗅いでいないと回答した香りもまったく嗜好に違いはみられなかった。つまり，嗅いだことがある香りだと思っても，嗅いだことがない香りだと思っても，実際に嗅いだ経験がなければ嗜好の上昇は起こらなかった。

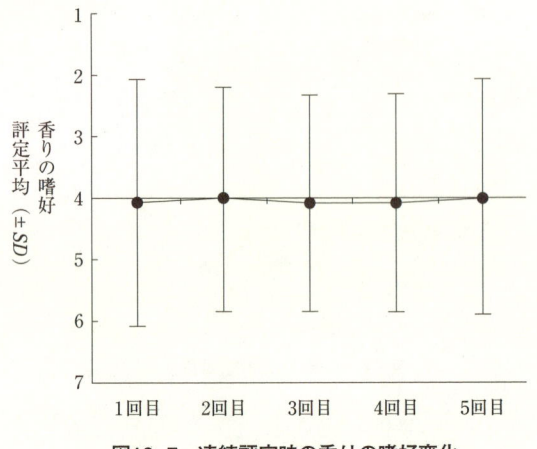

図13-7　連続評定時の香りの嗜好変化

(5) 連続評定時の嗜好変化

　繰り返し香りを嗅ぐ度に毎回嗜好評定を行えば，瞬時に嗜好変化が明らかとなり，簡便に単純接触効果を測定することができると容易に考えられる。実際に，繰り返し香りを嗅ぐ度に嗜好評定を実施してみた（庄司ら，2005，2006）。これまでの実験と同じ6種類のフレグランスを用い，実験参加者毎にランダム抽出した3種類のフレグランスの香りを配布し，5分間の安静を取りながら繰り返し同じ3種の香りの嗜好評定を行った。同じ香りを繰り返し嗅いでいることを意識させないために，毎回異なる香り瓶を配布した。5回繰り返し嗜好評定を行った結果を図13-7に示した。その結果，香りの評定1回目から5回目まで香りの嗜好には変化がみられずに単純接触効果は起こらなかった。短時間に，同じ香りを繰り返し嗅ぎ，その度に嗜好評定を行うと嗜好の上昇は起こらないのである。

2──香りの単純接触効果のメカニズム

　単純接触効果のメカニズムとして知覚的流暢性誤帰属説（2章1節参照）を例にあげ，ここまで得られた香りの単純接触効果についての実験結果をまとめてみる。

人は写真などの対象刺激を目などの感覚受容器でとらえて、情報が脳に送られてその対象を知覚する。そして、はじめてその対象に接触したときとは違い、過去に一度でもその対象に出会っていると記憶に残っているので、再びその対象と接触したときに、すでに知っているような親近感を感じるようになる。さらに、何度も同じ対象と接触しているとその対象を知覚する脳内の処理速度や効率が上がってくる。これを知覚的流暢性が高くなるという。つまり、何度も同じ対象に接触していると素早く知覚できるようになり、ますます親近感や熟知感が高まってくることになる。そして、親近感を強く感じるのは、その対象がもっている性質であると帰属されるので嗜好が上がるようになると考えられている。しかし、連続的に評定を行わせるというような場合には、その対象の嗜好を前に自分がどのように判断したかをまだしっかりと憶えているので、接触により親近感が高まっても、先に接触したからそう感じるだけと処理されてしまい、親近感の上昇が嗜好の上昇にはつながらないといわれている。実際、連続評定でも、評定間隔を開けると自分の前回の嗜好評定の記憶が薄れるので嗜好の上昇がみられるようになる。つまり、事前に接触したという事実を認識していないほうが単純接触効果が顕著に起こるといわれており、これを知覚的流暢性誤帰属説（Jacoby & Kelley, 1987）という。

　ここまで述べてきたように、事前に嗅いでいた香りのほうが嗅いでいなかった香りより嗜好が高くなったことから、香りによる嗅覚刺激にも単純接触効果が起こることが確認された。そして、その香りを事前に嗅いでいたことを認識しているよりも、認識していないほうが嗜好の上昇が大きい可能性もみられたことや、繰り返し香りと接触しても接触する度に嗜好評定を行わせると嗜好の上昇が起こらないことは、知覚的流暢性誤帰属説に当てはまる結果であり、香りについても他の感覚刺激と同様のメカニズムで単純接触効果が起きていると考えられる。

3 ── 嗜好が上がる香りと下がる香り

(1) 嗜好が上がる香りの特徴

　ザイアンス（Zajonc, 1968）が行った男性顔写真を対象刺激とした単純接触

Ⅳ──単純接触効果と日常生活

効果実験では，事前に接触した頻度順に接触後の写真の好感度が高くなることが実証されたが，その実験ではさらに写真毎に事前接触回数を低頻度と高頻度に分けて接触後の写真の好感度を集計した結果も示している。それによると，事前接触回数が高頻度のほうが低頻度と比べて好感度が高いか，同程度の結果が得られていた。つまり，写真の違いによって接触による好感度の上昇幅が異なっていたのである。では，香りの場合をみてみよう。図13-2は，香り別に接触による香りの嗜好変化を表しており，接触により嗜好が高くなっている香りと，ほとんど変わらない香りがあることがわかる。これと同じ6種類のフレグランスを用いて異なる実験手順により得られた結果もみてみよう。図13-4は再認と単純接触効果の関係を検討した結果であるが，事前接触あり（図13-4：●）は香りの単純接触効果を表している。この結果を香り別に集計すると図13-8を得ることができる（庄司ら，2005）。同一参加者が各香りをはじめて嗅いだときの評定（記憶セッション）と繰り返し嗅いだ後の評定（回答セッション）の比較である。図13-2と図13-8を比較すると，異なる実験法により得られた結果にもかかわらず，香り毎に接触前後の嗜好評定が同様の変動を示しているのがわかる。両図ともフレグランス番号2，5，6は接触後のほうが嗜好が高くなり，フレグランス番号3，4は変動がみられていない。こうしたことより，香りに単純接触効果は起こるが，接触による嗜好変動の大きさは

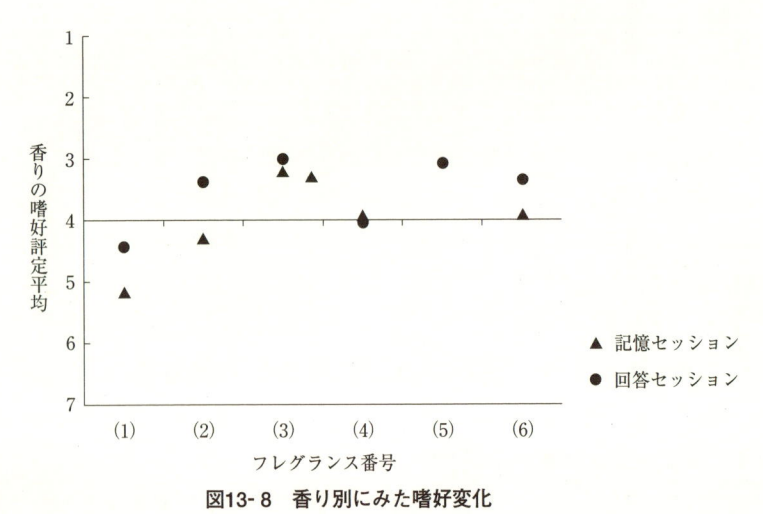

図13-8　香り別にみた嗜好変化

香りの種類によって異なってくることが考えられる。

そこで、嗜好が上がる香りの特徴を明らかにすることを試みた（庄司ら、2006）。さまざまな香りのタイプについて調べるために、化粧品などで使用されている代表的な原料香料48種類を対象として、単純接触効果実験を行い、その香りをはじめて嗅いだときと繰り返し嗅いだ後（事前接触2回）の嗜好について評定を行った。同時に、香りの特徴を調べるために香りの印象（樋口ら、2002）についても評定した。香りの特徴ではなく香料の物性であれば、一成分からなる香料の場合は化学構造や沸点などから分類でき、複数成分からなる香料の場合は比重や屈折率などを測定することができる。しかし、それらはいずれも香りを嗅いだときの香りの特徴を表せるものではなく、現在では人が香りを嗅いだときの主観評定により定性的に得られたパラメーターで香りの特徴を表すのが最も適した方法と思われる。

代表的な原料香料48種の香りをはじめて嗅いだときの香りの印象評定値を因子分析すると、第1因子として「まろやかな・甘い⇔すっとする」が得られ、第2因子として「透明な⇔濃い・むんむんする」が得られた。この2因子を軸として48種の香りをプロットしたのが図13-9である。図13-9はさらに、香りをはじめて嗅いだときの嗜好評定よりも繰り返し嗅いだ後のほうが嗜好が上昇した香り、変わらなかった香り、低下した香りに分けて表示してある。すると、接触後に嗜好が上昇する香りと低下する香りはまったく無関係に配置されるのではなく、それぞれ特定の香りの印象のエリアに密集している傾向がみられた。大別すると、嗜好が上昇した香りは図13-9の下方に位置し、その香りをはじめて嗅いだときに香りの印象の「濃い」「むんむんする」で評定されるような質的な特徴を共通にもっていた。この嗜好が上がる香りの特徴は、原料香料だけでなくさまざまな原料香料が組み合わされたフレグランスなどの調合香料についても同様のことがいえるようである。さまざまなタイプの調合香料についても実験を行ってみると、嗜好が上昇する香りには同様の特徴がみられた。しかし、調合香料は原料香料より複雑な香りであり、人によって香りをとらえる部分が若干変わってくるためと思われるが、原料香料により得られる図13-9の結果よりは明らかではなかった。調合香料の一般的な香調表現でいうと、濃厚さのある熟れたフルーツ調やフローラル・アルデヒディック調、オ

Ⅳ──単純接触効果と日常生活

```
                  因子2
                   |
                透明な
         1.5     |
         1.0     |
         0.5     |
すっとする  0.0  ──┼──  まろやかな・甘い
        -0.5     |
        -1.0     |
        -1.5     |
  -1.5 -1.0 -0.5 0.0 0.5 1.0 1.5  因子1
                濃い・むんむんする
```

● 嗜好が上昇した香り
□ 変わらなかった香り
△ 嗜好が低下した香り

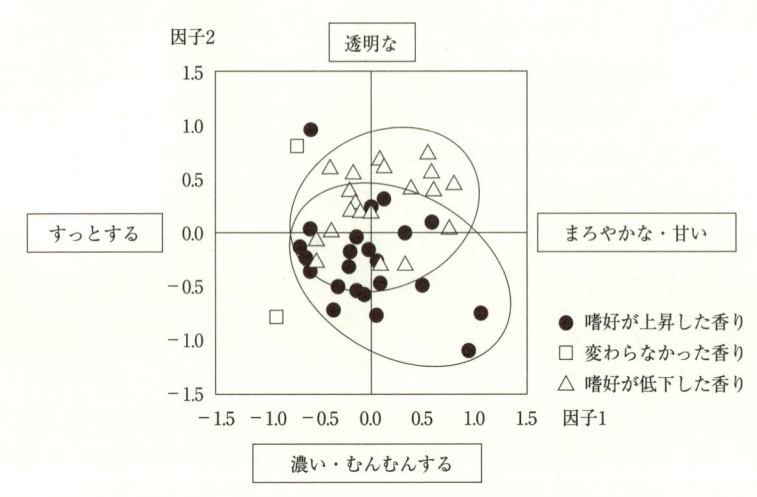

図13-9　はじめて嗅いだときの香りの印象と嗜好変化の関係

リエンタル調などの香りは，接触後に嗜好の上昇がみられた。

以上のように，嗜好が上がる香りの特徴と，嗜好が上がる原料香料と調合香料がわかってきたが，ここで注意しておかなければならないことがある。まだ，実験数は少ないが，同じ香料を用いた場合でも，実験参加者に香りを嗅がせるときの香料濃度を変えると，接触による嗜好の変化に違いがみられてくるのである。同じ香料でも濃度を変えれば香りの印象も変化してくるのは当然であり，このことからも，香りの単純接触効果による嗜好変動の大きさには香りを嗅いだときの質的な特徴が影響しているといえよう。

(2) 接触による香りの印象の変化

はじめて香りを嗅いだときの香りの特徴が，その後の接触による香りの嗜好の変動に影響を与える関係がみられたが，接触により嗜好が変化した場合には，その香りに感じる特徴自体も変化して感じられていることがわかってきた。48種類の原料香料を用いた単純接触効果実験において，接触後に嗜好が上昇する香りは図13-9に示したようにはじめて嗅いだときには「濃い」「むんむんする」印象を特徴としていたが，接触後にはこの印象は低く評定されるようになり，他の香りの印象項目の評定も接触前後で変化していた。つまり，はじめて

香りを嗅いだときと,繰り返し接触した後では,嗜好だけでなく香りの印象も異なって感じられるようになっていたのである(庄司ら,2007)。香りの嗜好だけが接触により変化するのではない。

■■■ 4 ── 化粧品への応用 ■■■

　日常生活において毎日使う香り商品の1つに化粧品がある。化粧品の香りは購入を決める要因の1つであり,その意味からすれば店頭ではじめて嗅いだときの香りの第一印象は重要である。しかし,化粧品は毎日使用されるものであり,繰り返し接触しているうちに嗜好の低下が起これば再購入はありえない。もし,使えば使うほどますます好きになる香りを開発することができれば,ロングセラーにつながると考えられる。これまで述べてきたように,実験室の中での統制条件下では,繰り返し嗅ぐことにより嗜好が上がる香りの特徴が明らかになってきた。そこで,この特徴を活かしたシャンプー用香料を開発し,シャンプーの実使用の中でどのような評価を受けるかテストを実施した(庄司,2006)。シャンプー用香料は,接触により嗜好が上がった原料香料も配合しながら,シャンプー使用時に「濃い」や「むんむんする」印象を強く感じさせる特徴をもたせた。そのシャンプーを一般女性に4週間使用してもらい,初日と2週間後,4週間後に香りの評定を実施した。図13-10に香りの嗜好評定結果を示した。香りが好きと思う人が使用初日の評定と比較して,2週間後,4

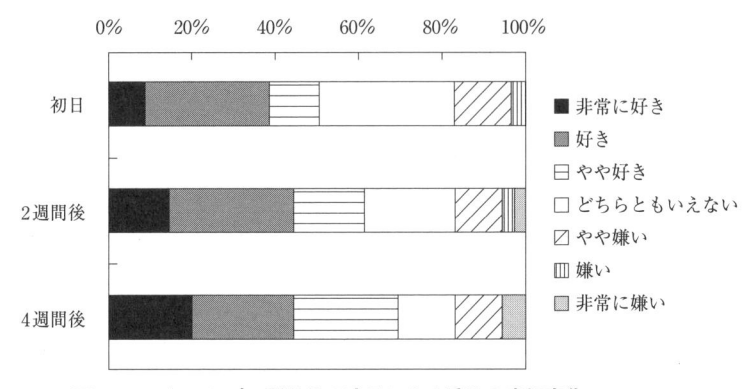

図13-10 シャンプー開発品の連用による香りの嗜好変化

週間後と進むにつれて増加し，繰り返し嗅ぐことで嗜好が上がる香りの特徴を活かした化粧品の香りを作成することで，化粧品の実使用場面でも香りの嗜好の上昇が起こる結果が得られた。しかし，こうした香りの場合，好きな人が増える一方，期間を通して香りが嫌いな人もいるので，好き嫌いが分かれる香りといえるようである。商品応用の際には，商品ターゲット層に相応しい香りの選定が重要となる。

■■■ 5 ── 今後の単純接触効果研究への期待 ■■■

　心理学領域の研究には，商品を使う立場であるお客さまの視点に立った商品開発に欠かすことができないとても重要な知見が多くみられ，単純接触効果もその1つである。本章では，香りの単純接触効果についてまとめ，これまでに報告されてきた他の感覚刺激と同様に香りにも単純接触効果が起こり，日常で使われている商品の香りにも応用することができることを述べた。しかし，それ以外にもまだまだ香りの単純接触効果研究には，興味ある未知の部分が多い。接触により嗜好が上がりやすい香りの特徴があるのであれば，嗜好が上がりやすい人もいるのではないだろうか。実験参加者ごとに，これまでの香りに関する経験や，香りの好み，使用頻度や性格などと，嗜好の上がりやすさの関連の解析を試みたが，再現性の高い結果はまだ得られていない。香りの種類別に，嗜好が上がりやすい人の特徴が明らかになれば，ターゲット層に相応しい香りの開発にも役立つであろう。その他に，事前に接触していた香りと類似の香りを嗅がせた場合には転移が起こり，嗜好の上昇がみられるであろうか。その類似度の許容幅にも興味がもたれる。香り商品には，その時に流行しているタイプの香りが採用されることが多いが，流行している香りというのは日常生活の中ですでに事前接触しているということになるから，第一印象は良いかもしれないが，新商品に用いてもすぐに飽きてしまうのではないであろうか。こうした知見が得られれば，香りの選定やアレンジの幅にも役立つ。今後，香りの単純接触効果研究のますますの発展に期待したい。

14章

味覚における単純接触効果

　これまでの章で紹介されていたように，何かの対象（刺激）への繰り返しの接触が，その対象（刺激）に対する好意度を高めるという単純接触効果についての研究は，視覚，聴覚，嗅覚などさまざまな感覚において多角的に行われてきた。とりわけ，ザイアンス（Zajonc, 1968）の研究が中心となり，視覚における単純接触効果の研究は最もさかんに行われているといえる。視覚からの情報が人間関係，広告による消費行動，服装の選択などにおける「好き」という判断にいかに影響を与え，私たちの生活とどのように結びついているのかを明らかにすることは重要なことであると考える。同様に，私たちの生活において「好き，または嫌い」という判断が毎日，顕著に関わってくる感覚とは味覚なのではないだろうか。私たちは何かを食べることなくしては生存し，生活することができない。その何かを決定する際に，ほとんどの場合，自分の嫌いな食べ物を避け，反対に好きな食べ物を積極的に選ぶということを行い，満足を得ているといえるだろう。このように，味覚は毎日の生活で「好き嫌い」が重要視されている感覚ではあるが，単純接触効果の研究はほとんど行われていない。いったい，他の感覚で明らかにされてきたような単純接触効果の現象が「甘味，苦味，酸味，塩味，うま味」という味覚においてもみられるのだろうか。すなわち，私たちは接触回数が多い味質に対して好意を抱き，接触回数が少ない味質に対してはそれほど好意を抱かないという報告をするのであろうか。本章では，近年行われた味覚における単純接触効果の実験を具体的に紹介する。

Ⅳ──単純接触効果と日常生活

■■■ 1 ──味覚における単純接触効果実験：現象の確認 ■■■

　綾部ら（2002，実験1）は，味覚においても，その他の感覚で明らかにされてきたような単純接触効果の現象がみられるのかどうかを検討するための実験を行っている。この実験で対象とされた味質は甘味であった。その選択理由として，次の2つのことがあげられる。パールマンら（Perlman & Oskamp, 1971）は単純接触効果が得られるのは，少なくとも会って不快でない人の場合であることを明らかにしている。これを味覚に還元して考えてみよう。味覚の中でも毒物に対する味である苦味と腐敗物に対する味である酸味は私たち人間に本能的には好まれない味覚であるとされているが，甘味は人間に本能的に好まれる味であるとされている（小川，2007）。このようなことから，最初に，単純接触効果の現象を確認する実験では，人間が不快であると感じにくい甘味を使用することが適切であると判断した。また，甘味は他の味質と比較して，その種類が大変豊富であることがあげられる。この種類の豊富さは単純接触効果の実験で利用しやすいと考えられた。

　実験は「糖分摂取による心理生理的効果の計測実験」という名目で実験参加者を募集し，大学生24名（男女各12名）が参加した。実験参加者には，実験に参加する前に必ず何かを食べてから（空腹ではないようにして）来ることと，実験参加の予定時間1時間前からは飲み物以外は口に入れないことを求めた。実験は大きく分けて，以下の2つの段階で進められた。

(1) 第1段階：甘味の接触

　最初に，6種類（シュークロース，フルクトース，グルコース，マルトース，ガラクトース，ラクトース）の甘味物質をお湯に溶かした糖の水溶液6つを準備した[*1]。糖の水溶液は，常に摂氏38度前後に保たれていた。これは，糖の水溶液の冷たさや熱さが実験に影響を与えないようにするためであった。

[*1] 本章における糖の各水溶液の溶液濃度はシュークロース（Sucrose）：100g/L，フルクトース（Fructose）：80g/L，グルコース（Glucose）：130g/L，マルトース（Maltose）：220g/L，ガラクトース（Galactose）：170g/L，ラクトース（Lactose）：150g/Lであった。

実験では，実験参加者に「糖の摂取が身体に与える影響を調べます。」と伝えた後，1つ目の糖の水溶液20mlを摂取（飲み干）させた。その1分後，摂氏38度の蒸留水で十分うがいをさせ，脳波と心拍の測定を2分間行った。この手順を8回繰り返し，甘味への接触とした。8回の接触内容は，1種類の糖は3回，他の5種類の糖は1回ずつというものであった。3回提示された糖の種類は実験参加者間でカウンターバランスがとられた。また，続けて同じ糖は提示しない刺激系列とした。8回目の脳波と心拍の測定後，10分間の休憩がとられた。

この段階では，実験参加者に甘味物質の内容に対して注意を向けさせないようにするため，糖を摂取したときに身体で生じる脳波と心拍の変化を測定することが重要であるように方向づけていた。

(2) 第2段階：甘味の評定

10分間の休憩後，6種類の各糖に対する「強度」（6段階；0無味～5強烈），「親近感」（11段階；0まったくはじめて～10よく知っている），「好き嫌い」（7段階；-3非常に嫌い～3非常に好き）の評定をそれぞれ1回ずつ，計6回依頼した。評定は，糖の水溶液20mlを口内に含んだままの状態で行い，評定後に吐き出させた。その後，摂氏38度前後に保った蒸留水で十分うがいをさせた。うがいから次の糖の水溶液（刺激）の評定までの間隔は1分間とした。すべての実験終了後にブリーフィングを行ったが，実験本来の目的に気づいた実験参加者はいなかった。

分析では，6種類の糖に対して評定をしたうち，甘味の接触段階で1回摂取した5種類の糖については「強度」，「親近感」，「好き嫌い」の各評定値についての平均を求め，甘味の接触段階で3回摂取した1種類の糖の評定値との比較を行った。その結果，「強度」と「親近感」については，甘味の接触段階で3回摂取した糖に対する値と1回だけ摂取した糖に対する値の間に有意な差はみられなかった。他方，「好き嫌い」については，甘味の接触段階で3回摂取した糖に対する値は1回だけ摂取した糖に対する値よりも1％水準で有意に高かった（表14-1，図14-1，図14-2，図14-3）。これは，甘味の接触段階で1回しか接触しなかった甘味よりも，複数回接触した甘味に対して好意度が高くなったことを意味する。そのため，この実験結果から，他の感覚で確認され

Ⅳ──単純接触効果と日常生活

表14-1　味覚における単純接触効果実験：現象の確認の各評定値の平均（$N=24$）

	1回摂取	3回摂取	t 値
強度	3.69（$SD=0.43$）	3.65（$SD=0.72$）	0.05 n.s.
親近感	4.45（$SD=1.47$）	4.63（$SD=1.97$）	0.47 n.s.
好き嫌い	0.14（$SD=0.71$）	0.54（$SD=0.82$）	1.86 $p<.01$

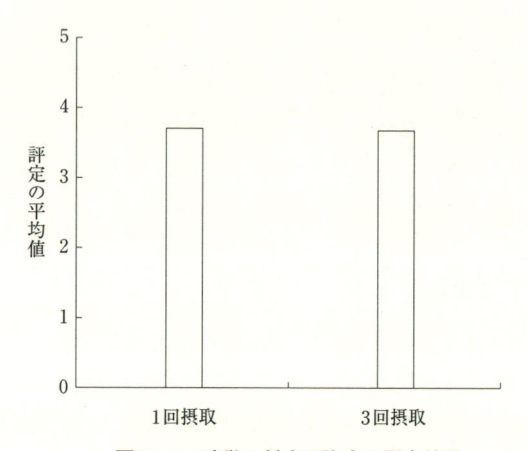

図14-1　味覚に対する強度の評定結果

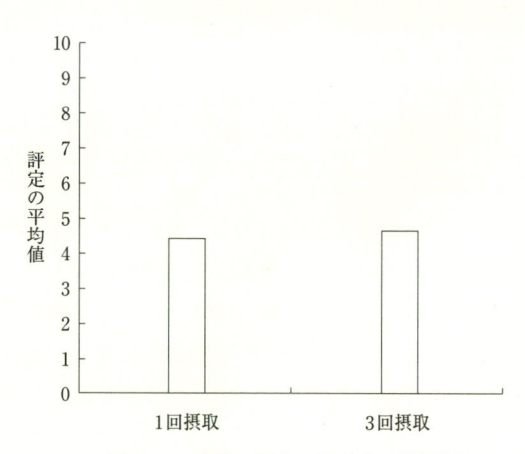

図14-2　味覚に対する親近感の評定結果

14章 ■ 味覚における単純接触効果

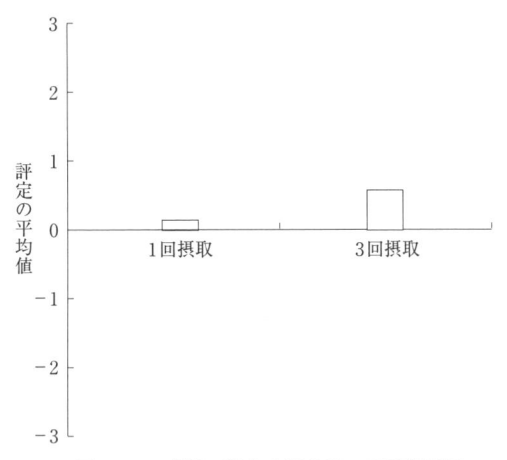

図14-3　味覚に対する好き嫌いの評定結果

てきたような単純接触効果の現象が，味覚の，とりわけ甘味という味質において確認されたと解釈できるだろう。

　日常生活を想定すると，毎日摂取する味に嗜好が高まることはもっともらしい。「おふくろの味が一番」といわれるように，家庭の料理が一番おいしいと感じられるのは，（たしかに母親の料理がおいしいのかもしれないが）単純接触効果の観点から言えば，小さい頃から何度も摂取してきた味だからこそ「好きな味」として感じているのかもしれない。

■■■ 2 ── 味覚における単純接触効果実験：意識の観点から ■■■

　これまでの単純接触効果の研究の多くから，単純接触効果には潜在記憶が関わっていることが示唆されている（菅ら，2001；生駒，2005など）。そのことを踏まえ，前述した味覚における単純接触効果実験：現象の確認では，甘味の接触段階では甘味物質そのものに注意や意識を向けさせないようにするために，あたかも脳波と心拍の測定が実験の目的であるかのように実施した。また，甘味の評定段階では，単に甘味物質の特性評価が目的であるかのようにふるまった。つまり，甘味の評定段階において，摂取した甘味物質への意識的な想起が起きないようにすることで，潜在記憶の関与を高めるように配慮したといえる。

IV──単純接触効果と日常生活

　その結果，味覚における単純接触効果の現象が確認されたわけである。それでは反対に，甘味の評定段階において，接触した甘味物質に注意や意識を向けさせるようにしたならば，味覚における単純接触効果はみられなくなるのだろうか。言い換えれば，甘味の接触段階と甘味の評定段階の間隔をあけず，繰り返し甘味を評定することのみを求めた場合，単純接触効果は認められないのだろうか。

　綾部ら（2002，実験2）は，甘味物質に対して意識的に注意を向けた場合に，単純接触効果の現象がみられるのかどうかを検討するための実験を行っている。実験は「糖分摂取による心理的効果の計測実験」という名目で実験参加者を募集し，女子短大生12名が参加した。実験参加者には，前述の実験と同様に，実験に参加する前に必ず何かを食べてから（空腹ではないようにして）来ることと，実験参加の予定時間1時間前からは飲み物以外は口にいれないことを求めた。

　実験では，6種類（シュークロース，フルクトース，グルコース，マルトース，ガラクトース，ラクトース）の甘味物質をお湯に溶かした糖の水溶液6つを準備した。糖の水溶液は，常に摂氏38度前後に保たれていた。実験参加者に「糖の摂取が心理状態に与える影響を調べます。」と伝えた後，1つ目の糖の水溶液20mlを摂取させ，そのままの状態で6種類の各糖に対する「強度」（6段階；0無味〜5強烈），「親近感」（11段階；0まったくはじめて〜10よく知っている），「好き嫌い」（7段階；−3非常に嫌い〜3非常に好き）の評定を依頼した。評定終了後，摂氏38度の蒸留水で十分うがいをさせた。その1分後に次の糖の水溶液（刺激）を提示し，同様の方法で評定を求めた。この手順を8回繰り返した。8回の接触内容は，1種類の糖は3回，他の5種類の糖は1回ずつというものであった。3回提示された糖の種類は実験参加者間でカウンターバランスがとられた。また，続けて同じ糖は提示しない刺激系列とした。

　分析では，6種類の糖に対して評定をしたうち，1回摂取した5種類の糖については「強度」，「親近感」，「好き嫌い」の各評定値についての平均を，3回摂取した1種類の糖については，その糖に対する3回目の評定値を用いて比較を行った。その結果，「強度」において3回摂取した糖に対する値（3回目の評定値）は1回だけ摂取した糖に対する値よりも5％水準で有意に高かった（$t=1.82$）。しかし，「親近感」と「好き嫌い」においては，3回摂取した糖に

対する値（3回目の評定値）と1回だけ摂取した糖に対する値の間に有意な差はみられなかった。この結果は，1回だけ接触した甘味よりも複数回接触した甘味において好意度が高くなっていないことを意味しており，単純接触効果は認められなかったことを示唆する。この理由として，実験参加者が甘味物質を摂取するたびに評価を求められることで，その味質に対して意識を向けさせられると，"味を強く感じる"といった意識的な知覚のみが強化される結果となったことが考えられる。また，甘味の評定段階において明らかに甘味物質に接触したことの意識が高まる，つまり味質への想起意識が高まることによって潜在記憶が関与しなくなり，単純接触効果がみられなかったのではないだろうか。このことから，味覚における単純接触効果が確認されるためには，甘味の評定の際に味質に対する無意識的接触の態度が必要であり，これが後の味質（刺激）に対する態度へと影響を及ぼしていると推察された。まとめると，甘味の評定段階において，接触した甘味物質に注意や意識を向けさせるようにしたならば，単純接触効果は認められないことが確認された。このことから，味覚における単純接触効果の現象には，やはり無意識的な記憶である潜在記憶が関与していると考えられる。

■■■ 3 ── 味覚における単純接触効果実験：長期持続性の観点から ■■■

　単純接触効果の現象には潜在記憶が関与していることが数多くの知見（たとえばSeamon et al., 1983a）や前記した味覚における単純接触効果の結果においても示唆されている。これまでの潜在記憶研究から，この記憶の大きな特徴として長期にわたってその効果が持続することが認められている（たとえばWood et al., 1974；西野，2000）。もし，味覚における単純接触効果にも潜在記憶が関与しているのであれば，1度摂取した味質の影響が，その後長期にわたって持続することが予測される。

　味覚における単純接触効果には潜在記憶が関与しているのかを再び確認するために，河野ら（Kawano et al., 2003）は潜在記憶の長期持続性という観点に着目した味覚における単純接触効果の実験を行った。この実験は，「(1)味覚における単純接触効果実験：現象の確認」と同様の方法で行われ，大学生12名

(男女各6名)が参加した。唯一,甘味の接触段階から甘味の評定段階までのインターバルを10分間から1週間に変更した点が異なっていた。つまり,甘味の接触段階において,糖に1回接触した,または3回接触したという接触回数の影響が,1週間後に行われた甘味の評定段階における「強度」,「親近感」,「好き嫌い」の評定値にみられるのかを検討したわけである。

　分析では,6種類の糖に対して評定をしたうち,甘味の接触段階で1回摂取した5種類の糖の「強度」,「親近感」,「好き嫌い」の各評定値についての平均を求め,甘味の接触段階で3回摂取した糖の評定値との比較を行った。その結果,「強度」には,甘味の接触段階で3回摂取した糖に対する値と1回だけ摂取した糖に対する値の間に有意な差はみられなかった。他方,「親近感」と「好き嫌い」については,甘味の接触段階で3回摂取した糖に対する値は1回だけ摂取した糖に対する値よりも5％水準で有意に高かった（表14-2,図14-4,図14-5,図14-6）。これは,甘味の接触段階で1回しか接触しなかった甘味よりも,複数回接触した甘味に対して好意度が高くなったことを意味しており,単純接触効果が認められたことになるであろう。このように潜在記憶の特徴としてあげられているような長期持続性が確認されたことから,味覚の単純接触効果にも潜在記憶が関与していると推察される。ただ,ここで味覚の単純接触効果について顕在記憶の関与をすべて否定することは早計であろう。なぜならば,甘味の接触段階において味質を覚えさせ,1週間後の甘味の評定段階においてそれを思い出させ,評定を求めるといった,明らかな顕在記憶課題を用いた味覚における単純接触効果の長期持続性の検討を行っていないからである。そのため,味覚における単純接触効果の現象には潜在記憶が重要であることをより明確にするためには,厳密に顕在記憶が関与する味覚の単純接触効果における長期持続性の確認実験を行い,その結果を考慮に入れた上で,総合的な解釈を行う必要があるのではないだろうか。また,同じ味覚の単純接触効果の検討を行っているプリナー(Pliner, 1982)らが実施した,新奇な熱帯産フルーツ果汁飲料を用いた実験では,1週間後の好意度評定では提示回数の効果は認められていない。今後,さらに甘味の接触段階から甘味の評定段階までのインターバルを長くした実験を行ったり,味質を変えて同様の実験を行ったりすることにより,味覚における単純接触効果の長期持続性の詳細な解明も同

14章 味覚における単純接触効果

表14-2 味覚における単純接触効果実験：長期持続性の確認の各評定値の平均（$N=24$）

	1回摂取	3回摂取	t値
強度	3.55（$SD=0.42$）	3.50（$SD=0.50$）	0.32 n.s.
親近感	4.50（$SD=1.36$）	5.50（$SD=1.66$）	2.48 $p<.0.05$
好き嫌い	0.02（$SD=0.99$）	0.48（$SD=1.04$）	2.77 $p<0.05$

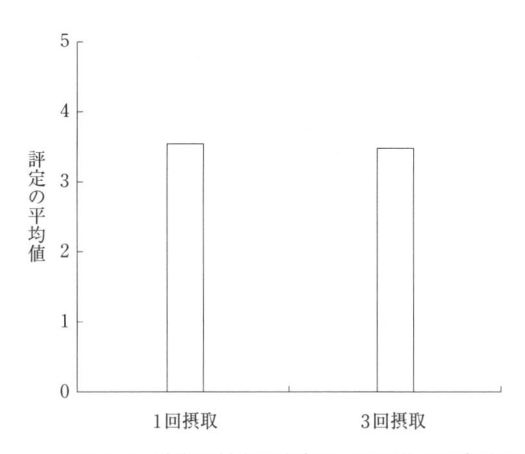

図14-4　味覚に対する強度の1週間後の評定結果

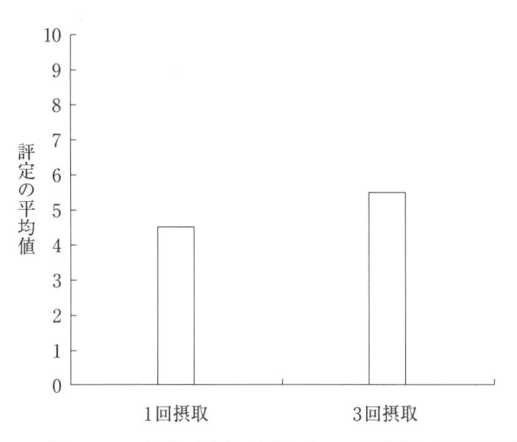

図14-5　味覚に対する親近感の1週間後の評定結果

Ⅳ──単純接触効果と日常生活

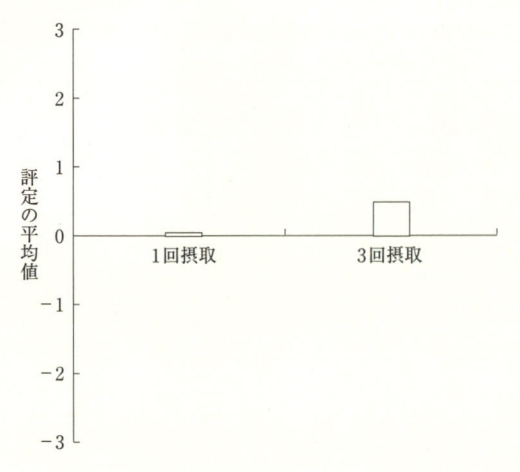

図14-6 味覚に対する好き嫌いの1週間後の評定結果

時に必要であると考える。

4──今後の展望

　ここまで述べてきたように，味覚における単純接触効果を検討した研究から，味覚にも単純接触効果の現象がみられること，そこには潜在記憶の関与が示唆されることが明らかになってきている。このように，接触回数が少ない味質よりも，接触回数が多い味質に対して好意を抱くようになるという単純接触効果の現象はたしかに認めることができるわけだが，その一方で味嗅覚の領域では「感性満腹感」と呼ばれる，摂取した食物の味やニオイに対する快感情の低下現象も報告されている。これは，ある食物が食べ進められるほど，その食べ物への快感情（評価）は減少していったり，その後，その食物を選択する回数が減少したりするものであり，単純接触効果とは反対の現象であるといえる。坂井と今田（1999）によれば，感性満腹感の原因については，食物に対する慣れ，味覚応答，オピオイド系[*2]などさまざまな観点から研究がなされているが，依然この現象のメカニズムは明らかではないとされている。何かの対象（刺激）

[*2] 鎮痛，報酬をはじめとして満足感に関わる内分泌系の調節に関与する。

への繰り返しの接触が，その対象（刺激）に対する好意度を低める「感性満腹感」という現象は，味覚における単純接触効果にとって非常に興味深い。一見同様の手続きが，好き嫌いの評価を正反対のものにしているからである。今後，甘味以外の味質で実験を行ったり，味覚物質摂取の間隔や接触回数などを変化させたりすることにより，どのような場合に「感性満腹感」が生じ，またどのような場合に「単純接触効果」が出現するのかを明らかにすることが必要であろう。それらが明確になることによって，人間の味覚における快と不快のダイナミズムやそのメカニズムなどを理解することができ，人間の食べ物の接触動機，選択方法はどのような仕組みに基づいているのかについて把握することになるのではないだろうか。加えて，味覚は嗅覚や視覚と非常に関連深い感覚である（臭い食べ物には食欲がわかないであろうし，青色の食べ物にも食欲がわかないであろう）。そのため，味覚の単純接触効果を明らかにする場合，味覚という感覚を単独で扱う研究のみにとどまらず，味覚と嗅覚，味覚と視覚などさまざまな感覚との相互作用を加味した単純接触効果の研究を実施することが重要であろう。なぜなら，そのような研究は総合的な単純接触効果現象の仕組みの解明へとつながるものであると考えるからである。

　本章では，味覚における単純接触効果の実験を筆者らの研究を中心に述べてきたわけだが，この領域に関する研究は大変少なく，研究の余地が多分に残されているといえる。今後，単純接触効果の研究においては，味覚の領域のさらなる検討が求められるであろう。

引用文献

■1章

Allport, G. W.　1954　*The Nature of Prejudice*. Cambridge, MA: Addison-Wesley.

Bornstein, R. F.　1989　Exposure and affect: Overview and meta-analysis of research, 1968-1987. *Psychological Bulletin*, **106**, 265-289.

Berlyne, D. E.　1966　Curiosity and exploration. *Science*, **153**, 23-33.

Berlyne, D. E.　1970　Novelty, complexity and hedonic value. *Perception & Psychophysics*, **8**, 279-286.

Berlyne, D. E.　1971　*Aesthetics and psychobiology*. New York: Appleton Century-Crofts.

Crandall, J. E.　1968　Effects of need for approval and intolerance of ambiguity upon stimulus preference. *Journal of Personality*, **36**, 67-83.

Crandall, J. E.　1970　Preference and expectancy arousal. *Journal of General Psychology*, **83**, 267-268.

Crandall, J. E., Montgomery, V. E., & Rees, W. W.　1973　"Mere" exposure versus familiarity, with implications for response competition and expectancy arousal hypotheses. *Journal of General Psychology*, **88**, 105-120.

Fechner, G. T.　1876　*Vorschule der Arsthetik*. Leipzig, Germany: Breitkoff & Hartel.

Festinger, L., Schacter, S., & Back, K.　1963　*Social Pressures in information groups: A study of housing community*. Stnford University Press.

Grush, J. E.　1976　Attitude formation and mere exposure phenomena: A nonartifactual explanation of empirical findings. *Journal of Personality and Social Psychology*, **33**, 281-290.

Harrison, A. A.　1977　Mere exposure. In L. Berkowitz (Ed.), *Advances in experimental social psychology*, Vol.10, pp.39-83. New York: Academic Press.

Harrison, A. A., & Crandall, R.　1972　Heterogeneity-homogeneity of exposure sequence and the attitudinal effects of exposure. *Journal of Personality and Social Psychology*, **21**, 234-238.

Harrison, A. A., & Zajonc, R. B.　1970　Effects of frequency and duration of exposure on response competition and affect ratings. *Journal of Psychology*, **75**, 163-169.

生駒　忍　2005　潜在記憶現象としての単純接触効果　認知心理学研究, **3**, 113-131.

James, W.　1890　*The principles of psychology*. Vol.2. New York: Holt.

Kunst-Wilson, W. R., & Zajonc, R. B.　1980　Affective discrimination of stimuli that cannot be recognized. *Science*, **207**, 557-558.

Martindale, C.　1972　Personality differences in the relationship between familiarity and liking. *Journal of Psychology*, **80**, 75-79.

Maslow, A. H.　1937　The influence of familiarization on preference. *Journal of Experimental Psychology*, **21**, 162-180.

Marcus, M. G., & Hakmiller, K. L.　1975　Effects of frequency, duration of study trial and total duration of exposure on affective judgments. *Psychological Reports*, **37**, 195-200.

Meyer, M.　1903　Experimental studies in the psychology of music. *American Journal of Psychology*, **14**, 456-476.

Moore, H. T., & Gilliland, A. R.　1924　The immediate and long-term effects of classical and popular phonograph selections. *Journal of Applied Psychology*, **8**, 309-323.

Moreland, R. L., & Zajonc, R. B.　1979　Exposure effects may not depend on stimulus recognition. *Journal of Personality and Social Psychology*, **37**, 1085-1089.

三井宏隆　1979　Mere exposure effect 研究の展望　実験社会心理学研究, **19**, 165-174.
Oskamp, S., & Scalpone, R.　1975　The exposure effect vs. the novelty effect. An experimental comparison. *Representative Research in Social Psychology*, **6**, 119-125.
Pepper, S. C.　1919　Changes of appreciation for color combinations. *Psychological Review*, **26**, 389-396.
Pheterson, M., & Horai, J.　1976　The effects of sensation seeking, physical attractiveness of stimuli, and exposure frequency on liking. *Social Behavior and Personality*, **4**, 241-247.
Schick, C., McGlynn, R. P., & Woolam, D.　1972　Perception of cartoon humor as a function of familiarity and anxiety level. *Journal of Personality and Social Psychology*, **24**, 22-25.
Saegert, S. C., & Jellison, J. M.　1970　Effects of initial level of response competition and frequency of exposure on liking and exploratory behavior. *Journal of Personality and Social Psychology*, **16**, 553-558.
Seamon, J. G., Brody, N., & Kauff, D. M.　1983　Affective discrimination of stimuli that are not recognized: II. Effect of delay between study and test. *Bulletin of the Psychonomic Society*, **21**, 187-189.
Solomon, R. L., & Corbit, J. D.　1974　An opponent-process theory of motivation: I. The temporal dynamics of affect. *Psychological Review*, **81**, 119-145.
Stang, D. J.　1973　Six theories of exposure and affect. *Catalogue of Selected Documents in Psychology*, **3**, 126.
Stang, D. J.　1974　Methodological factors in mere exposure research. *Psychological Bulletin*, **81**, 1014-1025.
Stang, D. J.　1975　Effect of mere exposure on learning and affect. *Journal of Personality and Social Psychology*, **31**, 7-12.
Stang, D. J., Farauda, J., & Tantillo, J.　1977　Learning mediates the exposure-attraction relationship: More evidence. *Bulletin of the Psychanomic Society*, **9**, 19-20.
Stang, D. J., & O'Connell, E. J.　1974　The computer as experimenter in social psychology research. *Behavior Research Methods and Instrumentation*, **6**, 223-231.
Thorndike, E. L., & Lorge, I.　1944　*The teacher's word book of 30,000 words*. New York: Columbia University, Teachers College Press.
Vanbeseleare, N.　1983　Mere exposure: In search of an explanation. In W. Doise & S. Moscovici (Eds.), *Current issues in European social psychology*, Vol.1, pp.239-278. London: Cambridge University Press.
Washburn, M. E, Child, M. S., & Abel, T. M.　1927　The effects of immediate repetition on the pleasantness or unpleasantness of muisc. In M. Schoen (Ed.), *The effects of music*. New York: Harcourt, Brace. pp.199-210.
Wilson, W. R.　1979　Feeling more than we can know: Exposure effects without learning. *Journal of Personality and Social Psychology*, **37**, 811-821.
Zajonc, R. B.　1968　Attitudinal effects of mere exposure. *Journal of Personality and Social Psychology: Monographs*, **9**(2, Pt. 2), 1-27.
Zajonc, R. B., Shaver, P., Tavris, C., & Van Kreveld, D.　1972　Exposure, satiation and stimulus discriminability. *Journal of Personality and Social Psychology*, **21**, 270-280.

■2章

Bargh, J. A., & Pietromonaco, P.　1982　Automatic information processing and social perception: The influence of trait information presented outside of conscious awareness on impression formation. *Journal of Personality and Social Psychology*, **43**, 437-449.
Bonnano, G. A., & Stillings, N. A.　1986　Preference, familiarity, and recognition after repeated brief exposures to random geometric shapes. *American Journal of Psychology*, **99**, 403-415.
Bornstein, R. F.　1989　Exposure and affect: Overview and meta-analysis of research, 1968-1987.

Psychological Bulletin, **106**, 265-289.
Bornstein, R. F., & D'Agostino, P. R.　1992　Stimulus recognition and the mere exposure effect. *Journal of Personality and Social Psychology*, **63**, 545-552.
Bornstein, R. F., & D'Agostino, P. R.　1994　The attribution and discounting of perceptual fluency: Preliminary tests of a perceptual fluency/attributional model of the mere exposure effect. *Social Cognition*, **12**, 103-128.
Bornstein, R. F., Leone, D. R., & Galley, D. J.　1987　The generalizability of subliminal mere exposure effects: Influence of stimuli perceived without awareness on social behavior. *Journal of Personality and Social Psychology*, **53**, 1070-1079.
古川哲雄　1991　反響動作　神経内科, **34**, 687-688.
Gordon, P. C., & Holyoak, K. J.　1983　Implicit learning and generalization of the "mere exposure" effect. *Journal of Personality and Social Psychology*, **45**, 492-500.
Groves, P. M., & Thompson, R. F.　1970　Habituation: A dual-process theory. *Psychological Review*, **77**, 419-450.
原奈津子・寺澤孝文　2000　4ヶ月前の刺激との接触頻度が好悪判断に与える影響　日本心理学会第64回大会発表論文集, 200.
原奈津子・寺澤孝文　2001　長期インターバル後にみられる単純接触効果　日本心理学会第65回大会発表論文集, 890.
廣岡秀一　1994　初期印象の違いが単純接触効果に及ぼす効果　愛知淑徳大学論集, **19**, 109-124.
生駒　忍　2005　潜在記憶現象としての単純接触効果　認知心理学研究, **3**, 113-131.
猪俣佐登留　1982　刺激反復呈示効果の研究(Ⅱ)　日本心理学会第46回大会予稿集, 172.
猪俣佐登留　1983　刺激反復呈示効果の研究　実験社会心理学研究, **23**, 39-52.
石田英子・森津太子・下條信輔　1996　潜在記憶とその帰属(2)―情動判断を指標として―　日本心理学会第60回大会発表論文集, 678.
Jacoby, L. L., & Kelley, C. M.　1987　Unconscious influences of memory for a prior event. *Personality and Social Psychology Bulletin*, **13**, 314-336.
Jacoby, L. L., Kelley, C. M., Brown, J., & Jasechko, J.　1989　Becoming famous overnight: Limits on the ability to avoid unconscious influences of the past. *Journal of Personality and Social Psychology*, **56**, 326-338.
Jacoby, L. L., Woloshyn, V., & Kelley, C.　1989　Becoming famous without being recognized: Unconscious influences of memory produced by dividing attention. *Journal of Experimental Psychology: General*, **118**, 115-125.
Janiszewski, C., & Meyvis, T.　2001　Effects of brand logo complexity, repetition, and spacing on processing fluency and judgment. *Journal of Consumer Research*, **28**, 18-32.
Johnson, M. K., Kim, J. K., & Risse, G.　1985　Do alcoholic Korsakoff's syndrome patients acquire affective reactions? *Journal of Experimental Psychology: Learning, Memory, and Cognition*, **11**, 22-36.
梶上美和・寺澤孝文・原奈津子　2002　数ヶ月前の接触頻度が好意度評定に与える影響―イラスト刺激を用いて―　日本心理学会第66回大会発表論文集, 721.
亀井　宗・杉本助男　2003　サブリミナル刺激商品の選択と脳波トポグラフィ　生理心理学と精神生理学, **21**, 123.
神尾陽子・齊藤崇子・山本幸子・井口英子　2004　高機能自閉症とアスペルガー障害における顔の表情についての自動的処理とその発達的変化　精神医学, **46**, 835-844.
菅　弥生・望月　聡・河村　満　2001　健忘症例における単純呈示効果の検討　神経心理学, **17**, 241-247.
加藤和生　1998　認知と情動のからみ：「認知が先」か「情動が先」か　丸野俊一(編)　シリーズ心理

学の中の論争［1］認知心理学における論争　ナカニシヤ出版　pp.55-82.
小松秀卓　1997　閾下知覚の認知への影響 表情刺激を用いた感情プライミングによる研究　同志社心理, **44**, 61.
Kunst-Wilson, W. R., & Zajonc, R. B.　1980　Affective discrimination of stimuli that cannot be recognized. *Science*, **207**, 557-558.
栗川美希・重野　純　2005　単純接触効果における視聴覚情報の相互作用　日本音響学会2005年秋期研究発表会講演論文集, 475-476.
李　同帰・加藤和生　2003　Secure Baseスキーマの情動的要素の実験的検討：日本・中国での追試　九州心理学会大会発表論文集, **64**, 51.
Mandler, G., Nakamura, Y., & Van Zandt, B. J. S.　1987　Nonspecific effects of exposure on stimuli that cannot be recognized. *Journal of Experimental Psychology: Learning, Memory, and Cognition*, **13**, 646-648.
松島公望（文責）　2004　第1回研究発表会報告　宗教心理学研究会ニューズレター, **1**, 1-7.
三井宏隆　1979　Mere exposure effect 研究の展望　実験社会心理学研究, **19**, 165-174.
宮本聡介　2001　対人関係の心理　桜井茂男（編）　心理学ワールド入門　pp.45-61.
森永康子・松村明子　1987　対人認知における刺激反復呈示効果の般化に関する研究　実験社会心理学研究, **26**, 175-180.
Murphy, S. T., & Zajonc, R. B.　1993　Affect, cognition, and awareness: Affective priming with optimal and suboptimal stimulus exposure. *Journal of Personality and Social Psychology*, **64**, 723-739.
中村　文　2004　CMにおけるサブリミナル効果—呈示刺激の違いはどのように影響するか—　青山心理学研究, **4**（別冊）, 137-140.
Neely, J. H., & Payne, D. G.　1983　A direct comparison of recognition failure rates for recallable names in episodic and semantic memory tests. *Memory & Cognition*, **11**, 161-171.
野村理朗　2007　心の科学と脳機能イメージング　心理学ワールド, **38**, 21-24.
野村理朗・大平英樹・羽田薫子　2002　閾下感情プライミングにおける脳の神経的応答—Event related fMRIを用いた検討—　感情心理学研究, **9**, 87-97.
Nomura, M., Ohira, H., Haneda, K., Iidaka, T., Sadato, N., Okada, T., & Yonekura, Y.　2004　Functional association of the amygdala and ventral prefrontal cortex during cognitive evaluation of facial expressions primed by masked angry faces: An event-related fMRI study. *Neuroimage*, **21**, 352-363.
Nordhielm, C. L.　2002　The influence of levels of processing on advertising repetition effects. *Journal of Consumer Research*, **29**, 371-382.
小田部貴子・加藤和生　2007　反復性のつらい体験によって形成される「心の傷スキーマ」の実証的研究—閾下感情プライミングパラダイムを用いて—　パーソナリティ研究, **16**, 25-35.
緒方洋輔　2007　fMRIを用いた単純接触効果の影響下における脳活動の測定　平成18年度卒業研究要旨（筑波大学人間学類）, 33.
小川時洋・鈴木直人　1998　閾下感情的プライミング効果の検討　感情心理学研究, **5**, 70-77.
大平英樹　1996　表情の認知的情報処理　繊維製品消費科学, **5**, 6-12.
大平英樹・志邑みさき　2004　閾下感情プライミングにおける生理的反応　感情心理学研究, **11**, 90.
長田雅喜・伊藤義美・舟橋　厚　1988　正像と鏡像の顔写真による単純接触仮説の検討　名古屋大学教養部紀要 B 自然科学・心理学, **32**, 101-108.
長田美穂・杉山真理・小林茂雄　1992　服装の好感度に対する単純接触の効果　繊維機械学会誌, **45**, 193-199.
齊藤崇子・神尾陽子・中知靖　2002　異なるネガティブ表情を用いた感情処理の差異—感情プライミングパラダイムを用いて—　日本心理学会第66回大会発表論文集, 584.
坂元　章・森津太子・坂元　桂・高比良美詠子（編）　1999　サブリミナル効果の科学　無意識の世界

では何が起こっているか　学文社
坂元　桂　1999　感情研究におけるサブリミナル効果　坂元　章・森津太子・坂元　桂・高比良美詠子（編）　1999　サブリミナル効果の科学 無意識の世界では何が起こっているか　学文社　pp.87-108.
佐藤　弥・青木知史・宮原道子　1998　単純呈示効果における刺激の好感度ベースライン効果の検証　日本心理学会第62回大会発表論文集, 602.
Schacter, D. L.　1987　Implicit memory: History and current status. *Journal of Experimental Psychology: Learning, Memory, and Cognition*, **13**, 501-518.
Seamon, J. G., Brody, N., & Kauff, D. M.　1983　Affective discrimination of stimuli that are not recognized: II. Effect of delay between study and test. *Bulletin of the Psychonomic Society*, **21**, 187-189.
Seamon, J. G., McKenna, P. A., & Binder, N.　1998　The mere exposure effect is differentially sensitive to different judgment tasks. *Consciousness and Cognition*, **7**, 85-102.
Shapiro, F. (Ed.)　2002　*EMDR as an integrative psychotherapy approach : Experts of diverse orientations explore the paradigm prism.* Washington, D.C. : American Psychological Association.
下條信輔　1996　サブリミナル・マインド　潜在的人間観のゆくえ　中央公論社
Shimojo, S., Simion, C., Shimojo, E., & Scheier, C.　2003　Gaze bias both reflects and influences preference. *Nature Neuroscience*, **6**, 1317-1322.
谷口高士　2005　感情への認知心理学的アプローチに関する諸問題と展望　大阪学院大学人文自然論叢, **50**, 43-64.
谷口高士・川口　潤　2002　感情と認知をめぐる研究の過去・現在・未来　髙橋雅延・谷口高士（編）感情と心理学　北大路書房　pp.81-97.
上田紋佳・泊　直希・寺澤孝文　2007　長期インターバルがメロディの単純接触効果に与える影響　日本認知心理学会第5回大会発表論文集, 184.
Underwood, G.　1994　Subliminal perception on TV. *Nature*, **370**, 103.
脇坂知子　2003　触覚における単純接触効果　中国四国心理学会論文集, **36**, 14.
八木善彦・杉山東子・菊地　正・吉田富二雄・桜井茂男　2006　単純接触効果の生起過程の検討　21世紀COEプログラム「こころを解明する感性科学の推進」2005年度研究報告書　pp.131-134.
山田　歩　2001　情動・認知の誤帰属と処理の順序性　対人社会心理学研究, **1**, 171-184.
山田　歩・岸本　渉　2002　閾下で繰り返し出会う同性・異性に抱く好意感情の差異　日本心理学会第66回大会発表論文集, 186.
山田紀代美・西田公昭・川浦康至　2003　携帯電話を用いた電子メールのネットワーク化による在宅介護者のサポートシステムに関する研究（継続）　電気通信普及財団研究調査報告書, **18**, 213-220.
山下雅子　2001　再認記憶における既知感情研究の展開　日本大学心理学研究, **22**, 40-49.
山崎秀夫　2007　ソーシャルネットワークを活用した社内コミュニケーションの改革　経済広報, **330**, 7-8.
Zajonc, R. B.　1980　Feeling and thinking: Preferences need no inferences. *American Psychologist*, **35**, 151-175.

■3章

Amir, N., Bower, E., Briks, J., & Freshman, M.　2003　Implicit memory for negative and positive social information in individuals with and without social anxiety. *Cognition and Emotion*, **17**, 567-583.
Bonnano, G. A., & Stillings, N. A.　1986　Preference, familiarity, and recognition after repeated brief exposures to random geometric shapes. *American Journal of Psychology*, **99**, 403-415.
Bornstein, R. F.　1989　Exposure and affect: Overview and meta-analysis of research, 1968-1987. *Psychological Bulletin*, **106**, 265-289.

Bornstein, R. F., & D'Agostino, P. R. 1992 Stimulus recognition and the mere exposure effect. *Journal of Personality and Social Psychology*, **63**, 545-552.

Bornstein, R. F., & D'Agostino, P. R. 1994 The attribution and discounting of perceptual fluency: Preliminary tests for a perceptual fluency/attributional model. *Social Cognition*, **12**, 103-128.

Bornstein, R. F., Kale, A. R., & Cornell, K. R. 1990 Boredom as a limiting condition on the mere exposure effect. *Journal of Personality and Social Psychology*, **58**, 791-800.

Bornstein, R. F., Leone, D. R., & Galley, D. J. 1987 The generalizability of subliminal mere exposure effects: Influence of stimuli perceived without awareness on social behavior. *Journal of Personality and Social Psychology*, **53**, 1070-1079.

Craver-Lemley, C., & Bornstein, R. F. 2006 Self-generated visual imagery alters the mere exposure effect. *Psychonomic Bulletin & Review*, **13**, 1056-1060.

Cuperfain, R., & Clarke, T. K. 1985 A new perspective of subliminal perception. *Journal of Advertising*, **14**, 36-41.

Dutton, D. G., & Aron, A. P. 1974 Some evidence for heightened sexual attraction under conditions of high anxiety. *Journal of Personality and Social Psychology*, **30**, 510-517.

Fang, X., Singh, S., & Ahluwalia, R. 2007 An examination of different explanations for the mere exposure effect. *Journal of Consumer Research*, **34**, 97-103.

Fenske, M. J., & Raymond, J. E. 2006 Affective influences of selective attention. *Current Directions in Psychological Science*, **15**, 312-316.

Goto, Y. 2001 Implicit memory for rhythmic tone sequence: A pilot study on perceptual priming for short temporal pattern. *Acoustical Science & Technology*, **22**, 219-225.

後藤靖宏 2002 音楽のリズムの潜在記憶（3）―リズムパターンの知覚的プライミングと音列の拍節性との関係― 日本心理学会第66回大会発表論文集, 507.

原田悦子 1999 潜在記憶と記憶の誤帰属 心理学評論, **42**, 156-171.

Hasher, L., Goldstein, D., & Toppino, T. 1977 Frequency and the conference of referential validity. *Journal of Verbal Learning and Verbal Behavior*, **16**, 107-112.

Herr, P. M., & Page, C. M. 2004 Asymmetric association of liking and disliking judgments: So what's not to like? *Journal of Consumer Research*, **30**, 588-601.

Huber, J. 2004 A comment on metacognitive experiences and consumer choice. *Journal of Consumer Psychology*, **14**, 356-359.

生駒 忍 2005 潜在記憶現象としての単純接触効果 認知心理学研究, **3**, 113-131.

生駒 忍 2006 反復聴取がメロディのまとまり感に及ぼす影響 日本心理学会第70回大会発表論文集, 662.

生駒 忍 2007 顕在記憶と排反しない記憶誤帰属としての単純接触効果 日本認知心理学会第5回大会発表論文集, 198.

Jacoby, L., & Dallas, M. 1981 On the relationship between autobiographical memory and perceptual learning. *Journal of Experimental Psychology: General*, **110**, 306-340.

Jacoby, L. L., Kelley, C. M., Brown, J., & Jasechko, J. 1989 Becoming famous overnight: Limits on the ability to avoid unconscious influences of the past. *Journal of Personality and Social Psychology*, **56**, 326-338.

Jacoby, L. L., Woloshyn, V., & Kelley, C. 1989 Becoming famous without being recognized: Unconscious influences of memory produced by dividing attention. *Journal of Experimental Psychology: General*, **118**, 115-125.

神原由美子 1999 無意図的な情報処理による単純接触効果の検討 青山学院大学教育学会紀要 教育研究, **43**, 修士論文要約集61-64.

近藤　勲・河崎雅人・山本尚武・西野麻由子・河原美智子・前川朋子　2001　電気生理的反応の測定による視覚サブリミナル検証の一検討—皮膚電位並びに発汗量の測定をもとに—　電子情報通信学会技術研究報告（教育工学），**101**(397), 39-44.

Lander, K., & Metcalfe, S.　2007　The influence of positive and negative facial expressions on face familiarity. *Memory*, **15**, 63-69.

Lee, A. Y.　2001　The mere exposure effect: An uncertainty reduction explanation revisited. *Personality and Social Psychology Bulletin*, **27**, 1255-1266.

Lee, A. Y., & Labroo, A. A.　2004　The effect of conceptual and perceptual fluency on brand evaluation. *Journal of Marketing Research*, **41**, 151-165.

Mandler, G., Nakamura, Y., & Van Zandt, B. J. S.　1987　Nonspecific effects of exposure on stimuli that cannot be recognized. *Journal of Experimental Psychology: Learning, Memory, and Cognition*, **13**, 646-648.

Mitchell, J. P., Dodson, C. S., & Schacter, D. L.　2005　fMRI evidence for the role of recollection in suppressing misattribution errors: The illusory truth effect. *Journal of Cognitive Neuroscience*, **17**, 800-810.

Monin, B.　2003　The warm glow heuristic: When liking leads to familiarity. *Journal of Personality and Social Psychology*, **85**, 1035-1048.

Moreland, R. L., & Beach, S. R.　1992　Exposure effects in the classroom: The development of affinity among students. *Journal of Experimental Social Psychology*, **28**, 255-276.

永野重史・牧野惠子・東　洋　1956　無意味綴の認知閾が経験頻度によつて規定されるという説の検討　日本心理学会第20回大会発表論文抄録, 108-109.

Reber, R., Schwartz, N., & Winkielman, P.　2004　Processing fluency and aesthetic pleasure: Is beauty in the perceiver's processing experience?　*Personality and Social Psychology Review*, **8**, 364-382.

Schacter, S., & Singer, J. E.　1962　Cognitive, social, and physiological determinants of emotional state. *Psychological Review*, **69**, 379-399.

Seamon, J. G., Marsh, R. L., & Brody, N.　1984　Critical importance of exposure duration for affective discrimination of stimuli that are not recognized. *Journal of Experimental Psychology: Learning, Memory, and Cognition*, **10**, 465-469.

Seamon, J. G., McKenna, P. A., & Binder, N.　1998　The mere exposure effect is differently sensitive to different judgment tasks. *Consciousness and Cognition*, **7**, 85-102.

Seamon, J. G., Williams, P. C., Crowley, M. J., Kim, I. J., Langer, S. A., Orne, P. J., & Wishengrad, D. L.　1995　The mere exposure effect is based on implicit memory: Effects of stimulus type, encoding conditions, and number of exposures on recognition and affect judgments. *Journal of Experimental Psychology: Learning, Memory, and Cognition*, **21**, 711-721.

Solomon, R. L., & Postman, L.　1952　Frequency of usage as a determinant of recognition thresholds for words. *Journal of Experimental Psychology*, **43**, 195-201.

Ste-Marie, D. M., & Lee, T. D.　1991　Prior processing effects on gymnastic judging. *Journal of Experimental Psychology: Learning, Memory, and Cognition*, **17**, 126-136.

Unkelbach, C.　2007　Reversing the truth effect: Learning the interpretation of processing fluency in judgments of truth. *Journal of Experimental Psychology: Learning, Memory and Cognition*, **33**, 219-230.

Veling, H., Holland, R. W., & van Knippenberg, A.　2007　Devaluation of distracting stimuli. *Cognition & Emotion*, **21**, 442-448.

Winkielman, P., & Cacioppo, J. T.　2001　Mind at ease puts a smile on the face: Psychophysiological evidence that processing facilitation elicits positive affect. *Journal of Personality and Social Psychology*, **81**, 989-1000.

Winkielman, P., Schwarz, N., & Nowak, A.　2002　Affect and processing dynamics: Perceptual fluency enhances evaluations. In S. Moore & M. Oaksford (Eds.), *Emotional cognition: From brain to behaviour.* Amsterdam, NL: John Benjamins. pp.111-136.

Zajonc, R. B.　1980　Feeling and thinking: Preferences need no inferences. *American Psychologist*, **35**, 151-175.

■ 4 章
───

Barsalou, L.W.　1982　Context-independent and context-dependent information in concepts. *Memory & Cognition*, **10**, 82-93.

Barsalou, L. W.　1983　Ad hoc categories. *Memory & Cognition*, **11**, 211-217.

Barsalou, L, W., Huttenlocher, J., & Lamberts, K.　1998　Basing Categorization on Individuals and Events. *Cognitive Psychology*, **36**, 203-272.

Barsalou, L. W., Yeh, W., Luka, B. J., Olseth, K. L., Mix, K. S., & Wu, L.　1993　Concepts and meaning. In K. Beals, G. Cooke, D. Kathman, K. E., McCullough, S. Kita, & D. Testen (Eds.), *Chicago Linguistics Society 29: Papers from the parasession on conceptual representations.* University of Chicago: Chicago Linguistics Society. pp.23-61.

Bonnano, G. A., & Stillings, N. A.　1986　Preference, Familiarity, and recognition after repeated brief exposures to random geometric shapes. *American Journal of Psychology*, **99**, 403-415.

Bornstein, R. F.　1992　Subliminal mere exposure effect. In R. F. Bornstein & T. S. Pittman (Eds.), *Perception without awareness: Cognitive, clinical and social perspective*, pp.191-210. New York: Guilford Press.

Bornstein, R. F., & D'Agostino　1992　Stimulus recognition and the mere exposure effect. *Journal of Personality and Social Psychology*, **63**, 545-552.

Bornstein, R. F., & D'Agostino　1994　The attribution and discounting of perceptual fluency : Preliminary tests of a perceptual fluency/attribution model of the mere exposure effect. *Social Cognition*, **12**, 103-128.

Brainerd, C. J., & Reyna, V. F.　2002　Fuzzy-trace theory and false memory. *Current Directions in Psychological Science*, **11**(5), 164-169. Blackwell Publishing, United Kingdom.

Brooks, L. R.　1978　Nonanalytic concept formation and memory for instances. In E. Rosch & B. B. Lloyd (Eds.), *Cognition and categorization*. Hillsdale, NJ: Erlbaum. pp.161-211.

Bruner, J., Goodnow, J., & Austin, A.　1956　*A Study of Thinking.* New York: Wiley.

Cabeza, R., Bruce, V., Kato, T., & Oda, M.　1999　The prototype effect in face recognition : Extension and limits. *Memory & Cognition*, **27**, 139-151.

Gordon, P. C., & Holyoak, K. J.　1983　Implicit learning and generalization of the "mere exposure" effect. *Journal of Personality and Social Psychology*, **45**, 492-500.

Heit, E.　1994　Models of the effects of prior knowledge on category learning. *Journal of Experimental Psychology: Learning, Memory and Cognition*, **20**, 1264-1282.

Jacoby, L. L., & Kelley, C. M.　1987　Unconscious influences of memory for a prior events. *Personality and Social Psychology Bulletin*, **13**, 314-336.

加藤　隆・石川元子・赤松　茂　1999　認知と感情の関わり―表情の単純呈示効果より―　*ATR HIP Res. Labs.*, **2**(2), 7-12.

河原哲雄　2001　概念の構造と処理　人工知能学会誌, **16**, 435-440.

Kunst-Wilson, W. R., & Zajonc, R. B.　1980　Affective discrimination of stimuli that cannot be recognized. *Science*, **207**, 557-558.

LeDoux, J. E.　1984　Cognition and emotion: Processing functions and brain systems. In M. S.

Gazzaniga (Ed.), *Handbook of cognitive neuroscience*. New York: Plenum.

Matsuda, K. & Kusumi, T.　2002　The mere exposure effect in concept formation. Poster presented at 43rd Annual Meeting of the Psychonomic Society. KA: Kansas City.

Matsuda, K. & Kusumi, T.　2003　A long interval affects the mere exposure effect for the prototypes. In R. Alterman, & D. Kirsh (Eds.), *Proceedings of the 25th Annual Conference of the Cognitive Science Society* (p.1380) NJ: Lawrence Erlbaum Association.

Matsuda, K. & Kusumi, T.　2006　Effect of the correlation between attributes for preference judgments effects of mere exposure. In R. Sun, & N. Miyake (Eds.), *Proceedings of the 28th Annual Conference of the Cognitive Science Society* (p.2555) NJ: Lawrence Erlbaum Association.

McRae, K., Cree, G. S., Westmacott, R., & Virginia, R.　1999　Further evidence for feature correlations in semantic memory. *Canadian Journal of Experimental Psychology*, **53**, 360-373.

Medin, D. L., & Edelson, S. M.　1988　Problem structure and the use of base-rate information from experience. *Journal of Experimental Psychology: General*, **117**, 68-85.

Medin, D. L., & Goldstone, R. L.　1990　Concept. In M. W. Eysenck (Ed.), *The Blackwell Dictionary of Cognitive Psychology*. Cambridge, MA: Basic Blackwell Inc.

Medin, D. L., & Schaffer, M. M.　1978　Context theory of classification learning. *Psychological Review*, **85**, 207-238.

Monahan, J. L., Murphy, S. T., & Zajonc, R. B.　2000　Subliminal mere exposure: Specific, general, and diffuse effects. *Psychological Science*, **11** (6), 462-466.

Murphy, G. L., & Medin, D. L.　1985　The role of theories in conceptual coherence. *Psychological Review*, **92**, 289-316.

Murphy, S. T., Monahan, J. L., & Zajonc, R. B.　1995　Additivity of nonconscious affect: Combined effects of priming and exposure. *Journal of Personality and Social Psychology*, **69**, 589-602.

Murphy, S. T., & Zajonc, R. B.　1993　Affect, cognition, and awareness: Affective priming with optimal and suboptimal stimulus exposure. *Journal of Personality and Social Psychology*, **64**, 723-739.

Nosofsky, R. M.　1984　Choice, similarity, and the context theory of classification. *Journal of Experimental Psychology: Learning, Memory and Cognition*, **10**, 104-114.

Nosofsky, R. M.　1988　Exemplar-based approach to relations between classification, recognition, and typicality. *Journal of Experimental Psychology: Learning, Memory and Cognition*, **14**, 700-708.

Nosofsky, R. M.　1991　Tests of an exemplar model for relating perceptual classification and recognition memory. *Journal of Experimental Psychology: Learning, Memory and Cognition*, **17**, 3-27.

Nosofsky, R. M.　1992　Exemplar-based approach to relating categorization, identification, and recognition, In F. G. Ashby (Ed.), *Multidimensional Models of Perception and Cognition*. Hillsdale, NJ: Erlbaum. pp.363-393.

Oden, G. C.　1987　Concept, knowledge, and thought. In M. R. Rosenzweig, & L. W. Porter(Eds.), *Annual Review of Psychology*, **38**, 203-227.

Reyna, V. F.　2003　Fuzzy-Trace Theory: Judgment and decision-making. Paper presented at 4th Tsukuba International Conference on Memory.

Rosch, E.　1975　Cognitive representation of semantic categories. *Journal of Experimental Psychology: General*, **104**, 192-233.

Rosch, E., & Mervis, C. B.　1975　Family resemblance: Studies in internal structure of categories. *Cognitive Psychology*, **7**, 573-605.

Schwarz, N.　1990　Feeling as information: informational and motivational functions of affective states. In E. T. Higgins & R. M. Sorrentino (Eds.), *Handbook of motivation and cognition*, **2**. New York: Guilford Press. pp.527-561.

Seamon, J. G., McKenna, P. A., & Binder, N.　1998　The mere exposure effect is differentially sensitive to different judgment tasks. *Consciousness and Cognition,* **7,** 85-102.

Squire, L. R., & Knowlton, B. J.　1995　Learning about categories in the absence of memory. *Proceedings of the National Academy of Sciences of the United States of America,* **92,** 12470-12474.

Wattenmaker, W. D.　1993　Incidental concept learning, feature frequency, and correlated properties. *Journal of Experimental Psychology: Learning, Memory, & Cognition,* **19,** 203-222.

Wilson, W. R.　1979　Feeling more than we can know: Exposure effects without learning. *Journal of Personality and Social Psychology,* **37,** 811-821.

Zajonc, R. B.　1980　Feeling and thinking: Preference need no inferences. *American Psychologist,* **35,** 151-175.

■5章

Bornstein, R. F.　1989　Exposure and affect: Overview and meta-analysis of research, 1968-1987. *Psychological Bulletin,* **106,** 265-289.

Dienes, Z., & Scott, R.　2005　Measuring unconscious knowledge: distinguishing structural knowledge and judgment knowledge. *Psychological Research,* **69,** 338-351.

Fechner, G. T.　1867　*Vorschule der Aesthetik, Leipzig.* Germany: Breitkoff & Hartel.

Gordon, P. C., & Holyoak, K. J.　1983　Implicit learning and generalization of the "mere exposure" effect. *Journal of Personality and Social Psychology,* **45,** 492-500.

Knowlton, B. J., & Squire, R.　1996　Artificial grammar learning depends on implicit acquisition of both abstract and exemplar-specific information. *Journal of Experimental Psychology: Learning, Memory, and Cognition,* **22,** 169-181.

Mandler, G., Nakamura, Y., & Van Zandt, B. J. S　1987　Nonspecific effects of exposure on stimuli that cannot be recognized. *Journal of Experimental Psychology: Learning, Memory and Cognition,* **13,** 46-648.

Manza, L., & Bornstein, R. F　1995　Affective discrimination and the implicit learning process. *Consciousness and Cognition,* **4,** 399-409.

Manza, L., Zizak, D., & Reber, A. S.　1998　Artificial grammar learning and the mere exposure effect. In M. A. Stadler & P. A.Frensch (Eds.), *Handbook of implicit learning,* pp.201-222. Thousand Oaks, CA:Sage.

Navon, D.　1977　Forest before trees: The precedence of global features in visual perception. *Cognitive Psychology,* **9,** 353-383.

Newell, B. R., & Bright, J. E. H.　2001　The relationship between the structural mere exposure effect and the implicit learning process. *Quarterly Journal of Experimental Psychology,* **54A,** 1087-1104.

Reber, A. S.　1967　Implicit learning of artificial grammars. *Journal of Verbal Learning and Verbal Behavior,* **77,** 317-327.

Reber, A. S.　1969　Transfer of syntactic structure in synthetic languages. *Journal of Experimental Psychology,* **81,** 115-119.

山田　歩　2004　複数の広告に現れる特徴が商品の選好に及ぼす影響について：繰り返し接触するバタンへの好みの形成とその意識的な気づき　第37次吉田秀雄記念事業財団助成研究要旨集　pp.219-228.

Zajonc, R. B.　1968　Attitudinal effects of mere exposure. *Journal of Personality and Social Psychology Monographs,* **9**(2,Pt.2), 1-27.

Zajonc, R. B.　1980　Feeling and thinking: Preferences need no inferences. *American Psychologist,* **35,** 151-175.

Zizak, D. M., & Reber, A. S.　2004　Implicit preferences: The role(s) of familiarity in the structural mere exposure effect. *Consciousness and Cognition*, **13**, 336-362.

■6章

Bornstein, R. F.　1989　Exposure and affect: Overview and meta-analysis of research, 1968-1987. *Psychological Bulletin*, **106**, 265-289.

Bornstein, R. F., & D'Agostino, P. R.　1992　Stimulus recognition and the mere exposure effect. *Journal of Personality and Social Psychology*, **63**, 545-552.

Bornstein, R. F., & D'Agostino, P. R.　1994　The attribution and discounting of perceptual fluency: Preliminary tests of a perceptual fluency/attributional model of the mere exposure effect. *Social Cognition*, **12**, 103-128.

Brehm, J. W.　1966　*A theory of psychological reactance*. New York: Academic Press.

Dijksterhuis, A.　2004　Think different: The merits of unconscious thought in preference development and decision making. *Journal of Personality and Social Psychology*, **87**, 586-598.

Dijksterhuis, A., Bos, M. W., Nordgren, L. F., & van Baaren, R. B.　2006　On making the right choice: The deliberation-without-attention effect. *Science*, **311**, 1005-1007.

Harrison, A. A.　1977　Mere exposure. In L. Berkowitz (Ed.), *Advances in experimental social psychology*, Vol.10, pp.39-83. New York: Academic Press.

Johansson, P., Hall, L., Sikstrom, S., & Olsson, A.　2005　Failure to detect mismatches between intention and outcome in a simple decision task. *Science*, **310**, 116-119.

Kunst-Wilson, W. R., & Zajonc, R. B.　1980　Affective discrimination of stimuli that cannot be recognized. *Science*, **207**, 557-558.

Moreland, R. L.,& Zajonc, R. B.　1977　Is stimulus recognition a necessary condition for the occurrence of exposure effects? *Journal of Personality and Social Psychology*, **35**, 191-199.

Nisbett, R. E., & Wilson, T. D.　1977　Telling more than we can know: Verbal reports on mental processes. *Psychological Review*, **84**, 231-259.

Sagarin, B., Cialdini, R., Rice, W., & Serna, S.　2002　Dispelling the illusion of invulnerability: The motivations and mechanisms of resistance to persuasion. *Journal of Personality and Social Psychology*, **83**, 526-541.

Shafir, E., Simonson, I., & Tversky, A.　1993　Reason-based choice. *Cognition*, **49**, 11-36.

山田　歩・外山みどり　2006　もっともな理由による選択の促進　日本社会心理学会第47回大会発表論文集, 28-29.

Wilson, W. R.　1979　Feeling more than we can know: Exposure effects without learning. *Journal of Personality and Social Psychology*, **37**, 811-821.

Wilson, T. D., & Nisbett, R. E.　1978　The accuracy of verbal reports about the effects of stimuli on evaluation and behavior. *Social Psychology*, **41**, 118-131.

Wilson, T. D., & Schooler, J. W.　1991　Thinking too much: Introspection can reduce the quality of preferences and decisions. *Journal of Personality and Social Psychology*, **60**, 181-192.

Wilson, T. D., Hodges, S. D., & LaFleur, S. J.　1995　Effects of introspecting about reasons: Inferring attitudes from accessible thoughts. *Journal of Personality and Social Psychology*, **69**, 16-28.

Wilson, T. D., Houston, C. E., & Meyers, J. M.　1998　Choose your poison : Effects of lay beliefs about mental processes on attitude change. *Social Cognition*, **16**, 114-132.

Wilson, T. D., Lisle, D. J., Schooler, J. W., Hodges, S. D., Klaaren, K. J., & LaFleur, S. J.　1993　Introspecting about reasons can reduce post-choice satisfaction. *Personality and Social Psychology Bulletin*, **19**, 331-339.

Zajonc, R. B.　1968　Attitudinal effects of mere exposure. *Journal of Personality and Social Psychology*, **9**, 1-27.

■7章

Baron, R. A.　1981　The role of olfaction in human social behavior: Effects of a pleasant scent on attraction and social perception. *Personality and Social Psychology Bulletin*, **7**, 611-617.
Berlyne, D. E.　1970　Novelty complexity and heaonic value. *Perception and Psychophysics*, **8**, 279-286.
Blood, A. J., Zatorre, R. J., Bermudez, P., & Evans, A.C.　1999　Emotional responses to pleasant and unpleasant music correlate with activity in paralimbic brain regions. *Nature Neuroscience*, **2**, 382-387.
Blood, A. J., & Zatorre, R. J.　2001　Intensely pleasurable responses to music correlate with activity in brain regions implicated in reward and emotion. *Proceedings of the National Academy of Sciences of the United States of America*, **98**, 11818-11823.
Bornstein, R. F.　1989　Exposure and Affect: Overview and Meta-Analysis of Research, 1968-1987, *Psychological Bulletin*, **106**, 265-289.
Bornstein, R. F., & D'Agostino, P. R.　1992　Stimulus recognition and the mere exposure effect. *Journal of Personality and Social Psychology*, **63**. 545-552.
Chapman, R. M., McCrary, J. W., Chapman, J. A., & Bragdon, H. R.　1978　Brain responses related to semantic meaning. *Brain and Language*, **5**, 195-205.
Chapman, R. M., McCrary, J. W., Chapman, J. A., & Martin, J. K.　1980　Behavioral and neural analyses of connotative meaning: word classes and rating scales. *Brain and Language*, **11**, 319-339.
Critchley, H. D., Wiens, S., Rotshtein, Pčhman, A., & Dolan, R. J.　2004　Neural systems supporting interoceptive awareness. *Nature Neuroscience*, **7**, 189-195.
Damasio, A. R., Grabowski, T. J., Bechara, A., Damasio, H., Ponto, L. L., Parvizi, J., & Hichwa, R. D.　2000　Subcortical and cortical brain activity during the feeling of self-generated emotions. *Nature Neuroscience*, **3**, 1049-1056.
de Gelder, B., & Vroomen, J.　2000　Perceiving Emotions by Ear and by Eye. *Cognition & Emotion*, **14**, 289-311.
Dolan, R. J., Morris, J. S., & de Gelder, B.　2001　Crossmodal binding of fear in voice and face. *Proceedings of the National Academy of Sciences of the United States of America*, **98**, 10006-10010.
Eibl-Eibesfeldt, I.　1988　The biological foundation of aesthetics. In I. Rentschler, B. Herzberger, & D. Epstein (Eds.), *Beauty and the brain: Biological aspects of aesthetics*. Basel: Birkhäser Verlag.
Eysenck, H. J.　1972　Personal Preferences and Individual Differences. In D. O'Hare (Ed.), *Psychology and Arts*. Brighton: Harvester Press.
Fiore, A. M.　1992　Effect of composition of olfactory cues on impressions of personality. *Social Behavior and Personality*, **20**, 149-161.
Furnham, A., & Walker, J.　2001　Personality and judgments of abstract, pop art and representational paintings. *European Journal of Personality*, **15**, 57-72.
Gibson, J. J.　1979　The Ecological Approach to. Visual Perception. Boston: Houghton Mifflin.
Grammer, K., & Thornhill, R.　1994　Human (*Homo sapiens*) facial attractiveness and sexual selection: the role of symmetry and averageness. *Journal of Comparative Psychology*, **108**, 233-242.
行場次朗・箱田裕司(編著)　2000　知性と感性の心理学　福村出版
生駒　忍　2005　潜在記憶現象としての単純接触効果　認知心理学研究, **3**, 113-131.
Iwamiya, S.　1994　Interaction between auditory and visual processing when listening to music in an audiovisual context: I. Matching Ⅱ. Audio quality. *Psychomusicology*, **13**, 133-153.
Iwamiya, S.　1997　Interaction between auditory and visual processing in car audio: simulation

引用文献

experiment using video reproduction. *Applied Human Science; Journal of Physiological Anthropology*, **16**, 115-119.

Jacoby, L. L., & Dallas, M.   1981   On the relationship between autobiographical memory and perceptual learning. *Journal of Experimental Psychology: General*, **3**, 306-340.

Kawabata, H., & Zeki, S.   2004   Neural correlates of beauty. *Journal of Neurophysiology*, **91**, 1699-1705.

Levy, J.   1976   Lateral dominance and aesthetic preference. *Neuropsychologia*, **14**, 431-445.

Lindauer, M. S., Stergiou, E. A., & Penn, D. L.   1986   Seeing and touching aesthetic objects: I. Judgments. *Bulletin of the Psychonomic Society*, **24**, 121-124.

Lindauer, M. S.   1986   Seeing and touching aesthetic objects: II. Descriptions. *Bulletin of the Psychonomic Society*, **24**, 125-126.

Lindner, D., & Hynan, M. T.   1987   Perceived structure of abstract paintings as a function of structure of music listened to on initial viewing, *Bulletin of the Psychonomic Society*, **25**, 44-46.

Livingston, M.   2002   *Vision and Art: The Biology of Seeing*. New York: Harry N. Abrams.

Mealey, L., Bridgestock, R., & Townsend, G. C.   1999   Symmetry and perceived facial attractiveness. *Journal of Personality and Social Psychology*, **76**, 151-158.

Melzoff, A. N. & Borton, R. W.   1979   Intermodal matching by human neonates. *Nature*, **282**, 403-404.

三浦佳世   2000   4章　感性認知　知性と感性の心理学　行場次朗・箱田裕司(編著)　福村出版

Monahan, J. L., Murphy, S.T., & Zajonc, R. B.   2000   Subliminal mere exposure: Specific, general, and diffuse effects. *Psychological Science*, **11**, 462-466.

Murphy, S. T., Monahan, J.L., & Zajonc, R. B.   1995   Additivity of nonconscious affect: Combined effects of priming and exposure. *Journal of Personality and Social Psychology*, **69**, 589-602.

Nahm, F. K., Tranel, D., Damasio, H., & Damasio, A. R.   1993   Cross-modal associations and the human amygdala. *Neuropsychologia*, **31**, 727-744.

O'Doherty, J., Winston, J., Critchley, H., Perrett, D., Burt, D. M., & Dolan, R. J.   2003   Beauty in a smile: the role of medial orbitofrontal cortex in facial attractiveness. *Neuropsychologia*, **41**, 147-155.

大山　正・瀧本　誓・岩澤秀紀   1993   セマンティック・ディファレンシャル法を用いた共感覚性の研究—因子構造と因子得点の比較—　行動計量学, **20**, 55-64.

Oyama, T., Yamada, H., & Iwasawa, H.   1998   Synesthetic tendencies as the basis of sensory symbolism: A review of a series of experiments by means of semantic differential. *Psychologia*, **41**, 203-215.

Rentschler, I., Juttner, M., Unzicker, A., & Landis, T.   1999   Innate and learned components of human visual preference. *Current Biology*, **9**, 665-671.

Rolls, E. T.   2004   The functions of the orbitofrontal cortex. *Brain and Cognition*, **55**, 11-29.

Seamon, J. G., Williams, P. C., Crowley, M. J., Kim, I. J., Langer, D. A., Orne, P. J., & Wichengrad, D. L.   1995   The mere exposure effect is based on implicit memory: Effects of stimulus type, encoding conditions, and number of exposures on recognition and affect judgments. *Journal of Experimental Psychology: Leaning Memory, and Cognition*, **21**, 711-721.

Skrandies, W.   1998   Evoked potential correlates of semantic meaning-A brain mapping study. *Cognitive Brain Research*, **6**, 173-183.

Skrandies, W.   1999   Early effects of semantic meaning on electrical brain activity. *Behavioral and Brain Sciences*, **22**, 301-302.

Skrandies, W., & Chiu, M. J.   2003   Dimensions of affective semantic meaning-behavioral and evoked potential correlates in Chinese subjects. *Neuroscience Letters*, **341**, 45-48.

Skrandies, W., Chiu, M. J., & Lin, Y.   2004   The processing of semantic meaning in Chinese words and evoked brain topography. *Brain Topography*, **16**, 255-259.

Solso, R. L.   1994   *Cognition and the visual arts*. Cambridge, Mass.: MIT Press.

Solso, R. L. 2000 The cognitive neuroscience of art: A preliminary fMRI observation. *Journal of Consciousness Studies*, 7, 75-86

Solso, R. L. 2003 *The psychology of art and the evolution of the conscious brain.* Cambridge, Mass.: MIT Press.

Streri, A. 1987 Tactile discrimination of shape and intermodal transfer in 2- to 3-month-old infants. *British Journal of Developmental Psychology*, 5, 213-220.

Streri, A., & Gentaz, E. 2003 Cross-modal recognition of shape from hand to eyes in human newborns. *Somatosensory & Motor Research*, 20, 13-18.

Streri, A., & Molina, M. 1993 Visual-tactual and tactual-visual transfer between objects and pictures in 2-month-old infants. *Perception*, 22, 1299-1318.

Suzuki, M., & Gyoba, J. 2008 Visual and tactile cross-modal mere exposure effects. *Cognition & Emotion*, 22, 147-154.

Suzuki, M., Gyoba, J., & Sakuta, Y. 2004 Multichannel near-infrared spectroscopy analysis of brain activities during semantic differential rating of drawings. *Tohoku Psychologica Folia*, 62, 86-98.

Suzuki, M., Gyoba, J., & Sakuta, Y. 2005 Multichannel NIRS analysis of brain activity during semantic differential rating of drawing stimuli containing different affective polarities. *Neuroscience Letters*, 375, 53-58.

Takahashi, S. 1995 Aesthetic properties of pictorial perception. *Psychological Review*, 102, 671-683.

Uehara, I. 1999 Differences in recognition and preference among four- and five year-olds on a tactile leaning and visual test. *Perceptual and Motor Skills*, 89, 1029-1035.

上原 泉 1998 4歳における好みと再認の関係―触覚で学習し視覚でテストした場合― 認知科学, 5, 110-114.

Vroomen, J., Driver, J., & de Gelder, B. 2001 Is cross-modal integration of emotional expressions independent of attentional resources? *Cognitive, Affective, & Behavioral Neuroscience*, 1, 382-387.

Winkielman, P., Halberstadt, J., Fazendeiro, T., & Catty, S. 2006 Prototypes Are Attractive Because They Are Easy on the Mind. *Psychological Science*, 17, 799-806.

Winston, A. S., & Cupchik, G. C. 1992 The evaluation of high art and popular art by naive and experienced viewers. *Visual Arts Research*, 18, 1-14.

Zajonc, R. B. 1968 Attitudinal effects of mere exposure. *Journal of Personality and Social Psychology*, 9, 1-27.

Zajonc, R. B. 1980 Feeling and thinking: Preferences need no inferences. *American Psychologist*, 35, 151-175.

Zajonc, R. B. 2001 Mere exposure: A gateway to the subliminal. *Current Directions in Psychological Science*, 10, 224-228.

Zeki, S. 1999 *Inner Vision : An Exploration of Art and the Brain.* Oxford, UK: Oxford University Press.

■8章

Chua, H. F., Boland, J. E., & Nisbett, R. E. 2005 Cultural variation in eye movements during scene perception. *Proceeding of the National Academy of Sciences*, 102, 12629-12633.

Gordon, P. C., & Holyoak, K. J. 1983 Implicit learning and generalization of the "mere exposure" effect. *Journal of Personality and Social Psychology*, 45, 492-500.

Ishii, K. 2005 Does mere exposure enhance positive evaluation, independent of stimulus recognition? A replication study in Japan and the USA. *Japanese Psychological Research*, 47, 280-285.

石井敬子・北山 忍 2004 コミュニケーション様式と情報処理様式の対応関係：文化的視点による実証研究のレビュー 社会心理学研究, 19, 241-254.

Kunst-Wilson, W. R., & Zajonc, R. B.　1980　Affective discrimination of stimuli that cannot be recognized. *Science*, **207**, 557-558.

Markus, H. R. & Kitayama, S.　1991　Culture and the self: Implications for cognition, emotion, and motivation. *Psychological Review*, **98**, 224-253.

Masuda, T., & Nisbett, R. E.　2001　Attending holistically versus analytically: Comparing the context sensitivity of Japanese and Americans. *Journal of Personality and Social Psychology*, **81**, 922-934.

Moreland, R. L., & Zajonc, R. B.　1977　Is stimulus recognition a necessary condition for the occurrence of exposure effects? *Journal of Personality and Social Psychology*, **35**, 191-199.

Nisbett, R. E., Peng, K., Choi, I., & Norenzayan, A.　2001　Culture and systems of thought: Holistic vs. analytic cognition. *Psychological Review*, **108**, 291-310.

Rajecki, D. W.　1974　Effects of prenatal exposure to auditory or visual stimulation on postnatal distress vocalizations in chicks. *Behavioral Biology*, **11**, 525-536.

Szpunar, K. K., Schellenberg, E. G., & Pliner, P.　2004　Liking and memory for musical stimuli as a function of exposure. *Journal of Experimental Psychology: Learning Memory and Cognition*, **30**, 370-381.

Zajonc, R. B.　2001　Mere exposure: A gateway to the subliminal. *Current Directions in Psychological Science*, **10**, 224-228.

■9章

有馬比呂志・中條和光　2003　共同記銘研究の展望　広島文教女子大学紀要, **38**, 109-116.

Cutting, J. E.　2006　The mere exposure effect and aesthetic preference. In P.Locher, C. Martindale, L. Dorfman, V. Petrov, & D. Leontiv, (Eds.), *New directions in aesthetics, creativity, and the psychology of art*. Amityville, NY: Baywood Publishing. pp.33-46.

Fang, X., Singh, S., & Ahluwalia, R.　2007　An examination of different explanations for the mere exposure effect. *Journal of Consumer Research*, **34**, 97-103.

Gaudreau, D., & Peretz, I.　1999　Implicit and explicit memory for music in old and young adults. *Brain and Cognition*, **40**, 126-129.

Goto, Y.　2001　Implicit memory for rhythmic tone sequence: A pilot study on perceptual priming for short temporal pattern. *Acoustical Science & Technology*, **22**, 219-225.

後藤靖宏　2001　音楽のリズムの潜在記憶(2)―リズムパターンに対する知覚的プライミングと音色情報の関わり―　日本心理学会第65回大会発表論文集, 290.

後藤靖宏　2002　音楽のリズムの潜在記憶(3)―リズムパターンの知覚的プライミングと音列の拍節性との関係―　日本心理学会第66回大会発表論文集, 507.

後藤靖宏　2005　音楽認知における顕在記憶と潜在記憶の役割：音楽情報の記憶システムのモデル化と音楽療法への応用可能性に関する考察　北星学園大学文学部 北星論集, **43**, 21-31.

Gonzalez, M. Jr., Smith, G. E. IV, Stockwell, D. W., & Horton, R. S.　2003　The "Arousal Effect": An alternative interpretation of the Mozart effect. *American Journal of Undergraduate Research*, **2**(2), 23-28.

Graf, P., & Schacter, D. L.　1985　Implicit and explicit memory for new associations in normal and amnesic subjects. *Journal of Experimental Psychology: Learning, Memory, and Cognition*, **11**, 501-518.

Halpern, A. R., & O'Connor, M. G.　2000　Implicit memory for music in Alzheimer's disease. *Neuropsychology*, **14**, 391-397.

波多野誼余夫　1973　心理音楽学（psychomusicology）の構想　心理学評論, **16**, 131-137.

林美都子・太田信夫　2005　プライミング手続きにおける意識的想起汚染問題の検討　筑波大学心理学研究, **29**, 47-60.

Ikoma, S. 2004 *The mere exposure effect is immune to interference*. Poster session presented at 5th Tsukuba International Conference on Memory.

生駒 忍 2005 潜在記憶現象としての単純接触効果 認知心理学研究, **3**, 113-131.

生駒 忍・太田信夫 2004 メロディの潜在記憶は音階スキーマに基づくか 筑波大学心理学研究, **28**, 11-14.

生駒 忍・太田信夫 2005 非言語情報の潜在記憶 筑波大学心理学研究, **29**, 11-27.

Ishii, K. 2005 Does mere exposure enhance positive evaluation, independent of stimulus recognition?: A replication study in Japan and the US. *Japanese Psychological Research*, **47**, 280-285.

Johnson, M. K., Kim, J. K., & Risse, G. 1985 Do alcoholic Korsakoff's syndrome patients acquire affective reactions? *Journal of Experimental Psychology: Learning, Memory, and Cognition*, **11**, 22-36.

Krugman, H. E. 1943 Affective response to music as a function of familiarity. *The Journal of Abnormal and Social Psychology*, **38**, 388-392.

Kuhn, G., & Dienes, Z. 2005 Implicit learning of nonlocal musical rules: Implicitly learning more than chunks. *Journal of Experimental Psychology: Learning, Memory, and Cognition*, **31**, 1417-1432.

Kunst-Wilson, W. R., & Zajonc, R. B. 1980 Affective discrimination of stimuli that cannot be recognized. *Science*, **207**, 557-558.

栗川美希 2004 単純接触効果に及ぼす視聴覚刺激の影響 青山心理学研究, **4**(別冊), 101-104.

宮澤史穂 2005 メロディの潜在記憶 早稲田心理学年報, **37**, 157-158.

西川 拓・永山悦子 2007 理系白書'07：第1部 科学と非科学 1 万能うたう「波動」 毎日新聞 2007年1月31日朝刊

大橋一恵 2006 音と記憶 精神療法, **32**, 524-525.

Rauscher, F. H., Shaw, G. L., & Ky, K. N. 1993 Music and spatial task performance. *Nature*, **365**, 611.

榊原彩子 1996 音楽の繰り返し聴取が快感情に及ぼす影響—リズムパターンの冗長性とハーモニーの典型性— 教育心理学研究, **44**, 92-101.

Schacter, D. L. 1987 Implicit memory: History and current status. *Journal of Experimental Psychology: Learning, Memory, and Cognition*, **13**, 501-518.

Schellenberg, E. G. 2003 Does exposure to music have beneficial side effects? In I. Peretz & R. J. Zatorre (Eds.), *The Cognitive Neuroscience of Music*. Oxford: Oxford University Press.

杉原一昭 1999 心理学における基礎的研究と実践的研究—教育心理学を中心とした「モード論」からの考察— 筑波大学心理学研究, **21**, 127-133.

Verveer, E. M., Barry, H. Jr., & Bousfield, W. A. 1933 Change in affectivity with repetition. *American Journal of Psychology*, **45**, 130-134.

Wilson, W. R. 1979 Feeling more than we can know: Exposure effects without learning. *Journal of Personality and Social Psychology*, **37**, 811-821.

Zajonc, R. B. 1968 Attitudinal effects of mere exposure. *Journal of Personality and Social Psychology Monograph Supplement*, **9**(2, Pt. 2), 1-27.

Zajonc, R. B. 1980 Feeling and thinking: Preferences need no inferences. *American Psychologist*, **35**, 151-175.

■10章

阿部正吉 2003 新版最新CM制作の基礎知識：プランニングからデジタル制作まで 宣伝会議

Anand, P., & Sternthal, B. 1990 Ease of message processing as a moderator of repetition effects in advertising. *Journal of Marketing Research*, **27**, 345-353.

Assael, H. 1987 *Consumer behavior and marketing action*. Boston, MA: Kent Publishing Company.

Baker, W. E. 1999 When can affective conditioning and mere exposure directly influence brand choice? *Journal of Advertising*, **28**, 31-46.

Belch, G. E. 1982 The effects of television commercial repetition on cognitive response and message acceptance. *Journal of Consumer Research*, **9**, 56-65.

Bentway, J. P. 1999 Banner blindness: What searching users notice and do not notice on the World Wide Web. *Dissertation Abstract International: Section B: The Science & Engineering*, **60**, 1695.

Berlyne, D. E. 1970 Novelty, complexity, and hedonic value. *Perception & Psychophysics*, **8**, 279-286.

Blair, M. H., & Rabuck, M. J. 1998 Advertising wearin and wearout: ten years later-more empirical evidence and successful practice. *Journal of Advertising Research*, **38** (5), 7-18.

Bornstein, R. F. 1989 Exposure and affect: Overview and meta-analysis of research, 1968-1987. *Psychological Bulletin*, **106**, 265-289.

Bornstein, R. F., Kale, A. R., & Cornell, K. R. 1990 Boredom as a limiting condition on the mere exposure effect. *Journal of Personality and Social Psychology*, **58**, 791-800.

Brucks, M. 1985 The effects of product class knowledge on information search behavior. *Journal of Consumer Research*, **12**, 1-16.

Cacioppo, J. T., & Petty, R. E. 1979 Effects of message repetition and position on cognitive response, recall and persuasion. *Journal of Personality and Social Psychology*, **37** (1), 97-109.

Calder, B. J., & Sternthal, B. 1980 Television commercial wearout: an Information processing view. *Journal of Marketing Research*, **17**, 173-186.

Cox, D. S., & Cox, A. D. 1988 What does familiarity breed?: complexity as a moderator of repetition effects in ad evaluation. *Journal of Consumer Research*, **15**, 111-116.

Gong, W., & Maddox, L. M. 2003 Measuring web advertising effectiveness in China. *Journal Advertising Research*, **43**, 34-49.

Hargreaves, D. J. 1984 The effects of repetition on liking for music. *Journal of research in Music Education*, **32**, 35-47.

Hawkins, S. A., & Hoch, S. J. 1992 Low-involvement learning: memory without evaluation. *Journal of Consumer Research*, **19**, 121-225.

伊藤直史 1999 「ブランド再認知率」を高めるネーミング＆ＣＭ表現：新製品217ケースの数量化Ⅰ類による分析 広告科学, **39**, 113-118.

伊東裕司 1995 ラジオスポットの接触頻度と広告効果：認知心理学的モデルを目指して 日経広告研究所報, **159**, 65-74.

Janiszewski, C. 1993 Preattentive mere exposure effects. *The Journal of Consumer Research*, **20**(3), 376-392.

Johnson, C. R. 2000 World Wide Web advertising: Exploring a new advertising environment. *Dissertation Abstract International: Section B: The Science & Engineering*, **60**, 5803.

Klapper, J. T. 1960 The effects of mass communication. New York: Free Press.

Krugman, H. E. 1965 The impact of television advertising: learning without involvement. *Public Opinion Quarterly*, **29**, 349-356.

Maheswaran, D., Mackie, D. M., & Chaiken, S. 1992 Brand Name as a heuristic cue: The effects of task importance and expectancy confirmation on consumer judgments. *Journal of Consumer Psychology*, **1**, 317-336.

松田 憲・平岡斉士・杉森絵里子・楠見 孝 2007 バナー広告への単純接触が商品評価と購買意図に及ぼす効果 認知科学, **14**(1), 133-154.

松田 憲・楠見 孝・鈴木和将 2004 広告の商品属性と商品名典型性が感性判断と購買欲に及ぼす効果 認知心理学研究, **1**(1), 1-12.

松田 憲・楠見 孝・山田十永・西 武雄 2006 サウンドロゴの反復呈示とメロディの親近性が商

品評価と購買意図に及ぼす効果　認知心理学研究, **4**(1), 1-13.
McMullen, P. T., & Arnold, M. J.　1976　Preference and interest as functions of distributional redundancy in rhythmic sequences. *Journal of Research in Music Education*, **24**, 22-31.
Mitchell, A. A., & Olson, J. C.　1977　Cognitive effects of advertising repetition. In D. P. Jr. William (Ed.), *Advances in Consumer Research*, 4. Atlanta: Association for Consumer Research. pp.213-220.
水野由多加　2004　統合広告論：実践秩序へのアプローチ　ミネルヴァ書房
水島久光　2002　バナー広告効果実証実験ダイジェスト　Webマーケティング年鑑2002：デジタル広告3年間の歩みと未来への戦略, 283-297. インプレス
Olson, E. L., & Thjùmùe, H. M.　2003　The effects of peripheral exposure to information on brand preference. *European Journal of Marketing*, **37**, 243-255.
Petty, R. E., & Cacioppo, J. T.　1984　The effects of involvement on responses to argument quantity and quality: central and peripheral routes to persuasion. *Journal of Personality and Social Psychology*, **46**, 69-81.
Petty, R. E., & Cacioppo, J. T.　1986　The elaboration likelihood model of persuasion. In L. Berkowitz (Ed.), *Advances in experimental social psychology*, 19. Academic Press. pp.123-205.
Rethans, A. J., Swasy, L. L., & Marks, L. J.　1986　Effects of television commercial repetition, receiver knowledge, and commercial length: A test of two-factor model. *Journal of Marketing Research*, **23**, 50-61.
Shimp, T. A.　1981　Attitude toward the ad as a mediator of consumer brand choice. *Journal of Advertising*, **10**, 9-15.
Smith, E. R., & DeCoster, J.　1999　Associative and rule-based processing: A connectionist interpretation of dual-process models. In S. Chaiken & Y. Trope (Eds.), *Dual-process theories in social psychology*. New York: Guilford Press. pp.323-336.
田中　洋・丸岡吉人　1991　仁科貞文(監)　新広告心理　電通
Vakratsas, D., & Ambler, T.　1999　How advertising works: what do we really know? *Journal of Marketing*, **63**, 26-43.
Zaltman, G.　2003　*How customers think: Essential insights into the mind of the market*. Harvard Business School Press. 藤川佳則・阿久津聡(訳)　2005　心脳マーケティング：顧客の無意識を解き明かす　ダイヤモンド社
Zajonc, R. B., & Markus, H.　1982　Affective and cognitive factors in preference. *Journal of Consumer Research*, **9**, 123-31.

■11章

朝日新聞社　1994　CD-HIASK'93朝日新聞記事データベース
Baum, W. M.　1974　On two types of deviation from the matching law: Bias and undermatching. *Journal of the Experimental Analysis of Behavior*, **22**, 231-242.
Belke T. W., & Belliveau, J.　2001　The general matching law describes choice on concurrent variable-interval schedules of wheel-running reinforcement. *Journal of the Experimental Analysis of Behavior*, **75**(3), 299-310.
Elliot, R., & Dolan, R.　1998　Neural Response during Preference and Memory Judgments for Subliminally Presented Stimuli: A Functional Neuroimaging Study. *The Journal of Neuroscience*, **18**, 4697-4704.
Fagen, R.　1987　A generalized habitat matching rule. *Evolutionary Ecology*, **1**, 5-10.
平凡社　1998　世界大百科事典
Kučera, H., & Francis, W. N.　1967　Computational analysis of present-day American English.

Providence, RI: Brown University Press.
Kunst-Wilson, W. R., & Zajonc, R. B. 1980 Affective discrimination of stimuli that cannot be recognized. *Science*, **207**, 557-558.
Labov, W. 1972 Sociolinguistic patterns. Philadelphia: University of Pennsylvania Press.
Long, E., & Yokoyama, S. 2005 Text genre and kanji frequency. *Glottometrics*, **10**, 55-72.
Matsuda, K. 1993 Dissecting analogical leveling quantitatively : The case of the innovative potential suffix in Tokyo Japanese. *Language Variation and Change*, **5**, 1-34.
Monin, B. 2003 The warm glow heuristic: When liking leads to familiarity. *Journal of Personality and Social Psychology*, **85**, 1035-1048.
新潮社　1995　新潮文庫の100冊
新潮社　1997a　新潮文庫　明治の文豪
新潮社　1997b　新潮文庫　大正の文豪
新潮社　2000　新潮文庫の絶版100冊
小学館　1998-2000　スーパー・ニッポニカ2001
Thorndike, E. L., & Lorge, I. 1944 *The teacher's word book of 30,000 words*. New York: Columbia University, Teachers College Press.
當山日出夫　2006　京都における「葛」と「祇」の使用実例と「JIS X 0213：2004」—非文献資料に基づく考察—　情報処理学会研究報告 2006—CH—70, 53-60.
Woolverton, W. L., & Alling, K. 1999 Choice under concurrent VI schedules: comparison of behavior maintained by cocaine or food. *Psychopharmacology*, **141**(1), 47-56.
山口哲生・伊藤正人　2006　理想自由分布理論に基づく個体分布の実験的検討　絶対報酬量と集団サイズの効果, 心理学研究, **76**, 547-553
横山詔一　2006　異体字選好における単純接触効果と一般対応法則の関係　計量国語学, **25**, 199-214.
横山詔一・エリク＝ロング　2007　異体字の単純接触効果に関するロジスティック回帰分析—コーパス4種と最尤推定法を用いた検討—　計量国語学, **26**, 19-30
Yokoyama, S., & Wada, Y. 2006 A logistic regression model of variant preference in Japanese kanji: an integration of mere exposure effect and the generalized matching law. *Glottometrics*, **12**, 63-74.
横山詔一・笹原宏之・當山日出夫　2006　文字コミュニケーションにおける異体字の選好と親近度：再検査法による信頼性の検討　社会言語科学, **9**, 16-26.
横山詔一・高田智和・米田純子　2006　東京山の手と葛飾・葛西における文字生活の地域差　人文科学とコンピュータシンポジウム, 379-386. 情報処理学会
横山詔一・笹原宏之・野崎浩成・エリク＝ロング　1998　新聞電子メディアの漢字—朝日新聞CD-ROMによる漢字頻度表—　国立国語研究所プロジェクト選書1　三省堂
Zajonc, R. B. 1968 Attitudinal effects of mere exposure. *Journal of Personality and Social Psychology*, **9**, 1-27.

■12章

Bogardus, E. S. 1931 *Fundamentals of social psychology*. 2nd ed. NewYork: Appleton-Century.
Bornstein, R. F. 1989 Exposure and affect: Overview and meta-analysis of research, 1968-1987. *Psychological Bulletin*, **106**(2), 265-289
Bornstein, R. F., & D'Agostino, P. R. 1992 Stimulus recognition and the mere exposure effect. *Journal of Personality and Social Psychology*, **63**, 545-552.
Deutsch, M., & Gerard, H. B. 1955 A study of normative and informational social influence upon individual judgement. *Journal of Abnormal and Social Psychology*, **51**, 629-636.
Kunst-Wilson, W. R., & Zajonc, R. B. 1980 Affective discrimination of stimuli that cannot be recognized.

Science, **207**, 557-558.
大橋正夫　1972　流行の心理　教育心理, **20**(5), 388-391.
長田美穂・小林茂雄　1995　服装の新奇さの度合いと単純接触の効果　繊維機械学会誌, **48**(4), 87-94.
長田美穂・小林茂雄　1996　衣服着用モデルについての情報提示と単純接触効果　繊維機械学会誌, **49**(8), 183-188.
長田美穂・小林茂雄　2005a　単純接触効果が衣服写真の衣服自体にあらわれることの検証　日本官能評価学会誌, **9**(2), 40-46.
長田美穂・小林茂雄　2005b　カラー柔道着における単純接触効果—衣服の色彩の側面からの単純接触効果への接近—　繊維機械学会誌, **58**(4), 48-54.
長田美穂・小林茂雄　2006a　単純接触効果が日常生活に現れる可能性—カラー柔道着を用いた検討—　Journal of Textile Engineering（繊維機械学会）, **52**, 159-164.
長田美穂・小林茂雄　2006b　衣服刺激の閾下呈示における単純接触効果　日本官能評価学会誌, **10**(1), 29-36.
長田美穂・小林茂雄　2007　呈示回数増加による閾下呈示における単純接触効果—刺激として衣服を用いた検討—　日本官能評価学会誌, **11**(2), 89-98.
長田美穂・杉山真理・小林茂雄　1992　服装の好感度に対する単純接触の効果　繊維機械学会誌, **45**(11), 194-199.
Rogers, E. M.　1962　*Diffusion of innovation.* New York: Free Press.　藤竹　暁（訳）　1966　技術革新の普及過程　培風館
Rogers, E. M.　1983　*Diffusion of innovation.* 3rd ed. New York: Free Press.
斎藤定良　1959　流行　戸川行男（編）　大衆現象の心理（現代社会心理学 4）　中山書店　pp.182-207.
Simmel, G.　1904　Fashion. *International Quarterly*, **10**, 130-155.
鈴木裕久　1977　流行　池内　一（編）　集合現象（講座社会心理学 3）　東京大学出版会　pp.121-151.
Young, K.　1946　*Handbook of social psychology.* London : Routledge & Kegan Paul.
Zajonc, R. B.　1968　Attitudinal effects of mere exposure. *Journal of Personality and Social Psychology Monograph Supplement*, **9**(2,part2),1-27.
Zajonc, R. B., Crandall, R., Kail, R. V., & Swap, W.　1974　Effect of extreme exposure frequencies on different affective ratings of stimuli. *Perceptual and Motor Skills*, **38**, 667-668.

■13章

樋口貴広・庄司　健・畑山俊輝　2002　香りを記述する感覚形容語の心理学的検討　感情心理学研究, **8**, 45-59.
Jacoby, L. L., & Kelley, C. M.　1987　Unconscious influences of memory for a prior event. *Personality and Social Psychology Bulletin*, **13**, 314-336.
Kunst-Wilson, W. R., & Zajonc, R. B.　1980　Affective discrimination of stimuli that cannot be recognized. *Science*, **207**, 557-558.
庄司　健・田口澄恵・寺嶋有史　2005　香りの単純接触効果　日本味と匂学会誌, **12**, 279-282.
庄司　健　2006　香りの単純接触効果—連用による香りの嗜好変化について—　香りの本, **231**, 89-95.
庄司　健・田口澄恵・寺嶋有史　2006　香りの単純接触効果(2)—嗜好変化と香りの印象の関係—　日本味と匂学会誌, **13**, 617-620.
庄司　健・田口澄恵・寺嶋有史　2007　香料成分の選定方法及び調香方法　特開2007-63251.
Swap, W. C.　1977　Interpersonal attraction and repeated exposure to rewarders and punishers. *Personality and social psychology bulletin*, **3**, 248-251.
Zajonc, R. B.　1968　Attitudinal effects of mere exposure. *Journal of personality and social psychology monograph supplement*, **9**, 1-27.

■14章

綾部早穂・河野理恵・太田信夫　2002　甘味の単純接触効果　日本味と匂い学会第36回大会 pp.581-582.

生駒　忍　2005　潜在記憶現象としての単純接触効果　認知心理学研究, **3**, 113-131.

菅　弥生・望月　聡・河村　満　2001　健忘症例における単純呈示効果の検討　神経心理学, **17**, 241-247.

Kawano, R., Ayabe-Kanamura, S., & Ohta, N.　2003　The mere exposure effect on sweet taste. Tsukuba International Conference on Memory Proceeding in Human Learning and Memory : Advances in Theory and Application, p.25.

西野由利恵　2000　構造記述システムにおける図形表象の長期保持　基礎心理学研究, **19**, 1-8.

小川雄二　2007　食べものを好きになるしくみ 味覚のしくみと嗜好の発達　食べ物文化　芽ばえ社 pp.8-19.

Perlman, D., & Oskamp, S.　1971　The effects of picture content and exposure frequency on evaluations of negros and whites. *Journal of Experimental Social Psychology*, **7**, 503-514.

Pliner, P.　1982　The effects of mere exposure on liking for edible substances. *Appetite:Journal for Intake Research*, **3**, 283-290.

坂井信之・今田純雄　1999　人はなぜ食べるのか(3)：感性満腹感（Hetherington and Rolls, 1996より）広島修大論集, **39**, 491-519.

Seamon, J. G., Brody, N., & Kauff, D. M.　1983a　Affective discrimination of stimuli that are not recognized: Ⅱ. Effect of delay between study and test. *Bulletin of the Psychonomic Society*, **21**, 187-189.

Woods, R. T., & Piercy, M.　1974　A similarity Between amnesic memory and normal forgetting. *Neuropsychologia*, **12**, 437-445.

Zajonc, R. B.　1968　Attitudinal effects of mere exposure. *Journal of Personality and Psychology Monograph Supplement*, **9**, 1-27.

索　引

【事項索引】

■アルファベット
AIDMAモデル　105
EMDR　21
GLOCAL文字列　58
JIS X 0213：2004　126

■あ
アドホック・カテゴリー　39

■い
閾下感情プライミング効果　17
閾下単純接触効果　8, 15
意識的想起汚染　99
異種感覚モダリティ　78
異体字　116
一般対応法則　117
衣服　128
イメージング手法　74
印象測定法　74
インターネット広告　105

■え
衛星メディア広告　105

■お
音楽心理学　94

■か
外延　38
概念　37, 38
概念学習　46
概念形成　38

概念構造　38
覚醒モデル　11
感覚モダリティ　73
感情先行説　16, 18
感情的内包　38
感情プロセス　60
感性　73
感性満腹感　164

■き
嗅覚疲労　142

■く
クロスモーダル　75
クロスモーダルマッチング　79

■け
芸術心理学　72
芸術能力の訓練経験　77
計量国語学　117
言語心理学　115
言語接触　115
言語報告　63
倦怠効果　109
限定効果モデル　107

■こ
好意判断　76
高関与商品　108
広告　104, 105
広告の効果過程モデル　106
構造的単純接触効果　52
行動ターゲティング広告　108
コーパス　117

古典的単純接触効果　52
誤有名性効果　20, 27

■さ
ザイアンス－ラザルス論争　16
サウンドロゴ　110
サブリミナル・マインド　22

■し
刺激般化　12
刺激変数　6
刺激飽和　12
事象ベース　41
悉無仮説　39
自発的接触　99
社会言語学　115
社会的接触　3
周辺情報　108
熟知度　12
情動二要因理論　26
商品ロゴ　67
情報的内包　38
事例ベース　41
進化的に有益な特性　76
新奇性　76
親近性　76
人工文法　50
人工文法学習課題　50
真実性効果　27
心的構え　33

■せ
精緻化見込みモデル　108
接触仮説　3
セマンティック・ディファレンシャル法　74
選好注視　78
潜在学習　50

潜在記憶　19, 26, 159
漸増仮説　38

■そ
測定変数　9

■た
退屈感　33
対称性　76
対人魅力　3
大脳半球の機能差　77
対立過程モデル　11
単一モダリティ　73
単純接触効果　2
単純接触効果の文化普遍性　91

■ち
知覚的流暢性　26
知覚的流暢性誤帰属説　19, 26, 148
中心情報　108
聴覚広告　110
長期持続性　161

■て
低関与商品　108
定義的特性モデル　38
提示変数　7
典型性　76
典型性効果　39

■と
「同一プロセストレードオフ」説　57

■な
内的要因　77
内包　38

■に
日米比較実験　87
2要因モデル　12
認知−感情独立説　16
認知プロセス　60

■は
パーソナリティ　10
パーソナリティ特性　77
発達差　10
バナー広告　105, 109
バナー無視（banner blindness）効果　110
般化　51
反響動作　21
販売促進（SP）広告　105
範例モデル　39

■ふ
ファジートレース理論　46
ファッション　128
不確定性　109
複雑性　76
複数モダリティ　73
プライミング　26
プレビュー・サーチ　32
プロトタイプ　37
プロトタイプモデル　39
文化心理学　84
文化特異的　85
文化普遍的　85

■へ
「別プロセス関与」説　57
ヘドニック流暢性モデル　36

■ま
マスコミ4媒体　105

■め
メロディの潜在記憶　98

■も
モーツァルト効果　100
文字生活のサイクルモデル　124

■り
リスティング広告　108
リズムパターンの潜在記憶　99
理想自由分布理論　118
流行　135
両耳分離聴手続き　95

[人名索引]

■A
阿部正吉　110
Allport, G. W.　3
Ambler, T.　108
Arnold, M. J.　112
Anand, P.　109, 112
有馬比呂志　99
Assael, H.　108
綾部早穂　156

■B
Barsalou, L. W.　40, 41, 44
Baum, W. M.　117
Belch, G. E.　112
Benway, J. P.　110
Berlyne, D. E.　7, 11, 12, 112
Blair, M. H.　112
Bogardus, E. S.　135
Bonnano, G. A.　20, 31
Bornstein, R. F.　6, 20, 53, 66, 109
Borton, R. W.　78
Bruner, J.　38

■C

Cabeza, R.　40
Cacioppo, J. T.　36, 108, 112
Calder, B. J.　112
Corbit, J. D.　11
Cox, A. D.　112
Cox, D. S.　112
Crandall, J. E.　10, 11
Crandall, R.　8
Cutting, J. E.　100

■D

D'Agostino, P. R.　66
Dallas, M.　26
Deutsch, M.　137
Dienes, Z.　54, 100
Dijksterhuis, A.　65
Dolan, R.　126

■E

Elliot, R.　126

■F

Fang, X.　36, 97
Fechner, G. T.　49
Fenske, M. J.　32
Festinger, L.　3
Francis, W. N.　115
古川哲雄　21

■G

Gerard, H. B.　137
Gibson, J. J.　74
Goldstone, R. L.　38
Gong, W.　109
Gordon, P. C.　51
後藤靖宏　99
Gyoba, J.　80

■H

原田悦子　35
原奈津子　23
Hargraves, D. J.　112
Harrison, A. A.　8, 11
波多野誼余夫　99
Hawkins, S. A.　107
林美都子　99
樋口貴広　151
廣岡秀一　22
Hoch, S. J.　107
Holyoak, K. J.　51
Horai, J.　10

■I

生駒　忍　21, 35, 97, 159
今田純雄　164
猪俣佐登留　22
Ishii, K.　87
伊東裕司　109

■J

Jacoby, L.　26
Jacoby, L. L.　19, 20, 149
Janiszewski, C.　20
Janiszewski, C.　107
Jellison, J. M.　7
Johansson, P.　64
Johnson, C. R.　112
Johnson, M. K.　96

■K

梶上美和　23
亀井　宗　21
神原由美子　32
菅　弥生　22, 159
加藤　隆　42
Kawano, R.　161

191

Kelley, C. M.　19, 149
岸本　渉　23
Klapper, J. T.　107
Knowlton, B. J.　50
小林茂雄　129
Kučera, H.　115
Kuhn, G.　100
Kunst-Wilson, W. R.　12, 15, 144
Kusumi, T.　45

■L
Lander, K.　31
Lee, A. Y.　35
Lindauer , M. S.　74
Long, E.　119, 120

■M
Maddox, L. M.　109
Mandler, G.　18
Manza, L.　53
Martindale, C.　11
丸岡吉人　105
松田　憲　108-110
Matsuda, K.　45
松村明子　22
McMullen, P. T.　112
Medin, D. L.　38, 39
Melzoff, A. N.　78
Metcalfe, S.　31
Meyvis, T.　20
三井宏隆　22
Mitchell, A. A.　112
Mitchell, J. P.　35
宮本聡介　20
Monin, B.　126
Moreland, R. L.　13, 87
森永康子　22

■N
長田雅喜　22
長田美穂　22, 129
中條和光　99
Navon, D.　58
Neely, J. H.　20
Nisbett, R. E.　63
西野由利恵　161
Nordhielm, C. L.　19
Nosofsky, R. M.　39

■O
O'Connell, E. J.　7
緒方洋輔　21
小川雄二　156
大橋正夫　135
Olson, J. C.　112
Oskamp, S.　7, 156
太田信夫　99

■P
Payne, D. G.　20
Perlman, D.　156
Petty, R. E.　108, 112
Pheterson, M.　10
Pliner, P.　162

■R
Rabuck, M. J.　112
Rajecki, D. W.　92
Reber, A. S.　50
Rethans, A. J.　109, 112
Rogers, E. M.　136
Rosch, E.　39

■S
Saegert, S. C.　7
斎藤定良　135

坂井信之　164
坂元　章　22
坂元　桂　17, 22
笹原宏之　117
佐藤　弥　22
Scalpone, R.　7
Schacter, D. L.　19
Schaffer, M. M.　39
Schick, C.　11
Scott, R.　54
Seamon, J. G.　18, 20
Shafir, E.　67
Shimojo, S.　21
庄司　健　142, 145, 151, 153
Simmel, G.　135
Solomon, R. L.　11
Squire, R.　50
Stang, D. J.　7, 12
Sternthal, B.　109, 112
Stillings, N. A.　20, 31
Streri, A.　79
杉本助男　21
Suzuki, M.　80
Swap, W. C.　141
Szpunar, K. K.　87

■T

高田智和　126
田中　洋　105
當山日出夫　117, 126
外山みどり　67

■U

上原　泉　79
Unkelbach, C.　30

■V

Vakratsas, D.　108
Veling, H.　32

■W

wamiya, S.　75
Wilson, T. D.　63, 65
Wilson, W. R.　95
Winkielman, P.　30, 36
Wood, R. T.　161

■Y

山田　歩　23, 53, 67
山田紀代美　21
山下雅子　20
山崎秀夫　21
横山詔一　115, 117, 119, 120, 126
米田純子　126
Young, K.　135

■Z

Zajonc, R. B.　4, 12, 15, 16, 49, 87, 142, 145
Zaltman, G.　113

193

おわりに

　本書をお読みいただいた方の多くは，なんらかの興味・関心がさらに広がったと推測しているが，どうだろうか。私たちも，原稿の段階から校正へと読むたびに，新しい疑問や研究のアイディアが必ずあり，研究意欲を掻き立てられている。単純接触効果の研究が，このように読者に強力なインパクトを与えるのは，なぜだろうか。大きく，次の2つにまとめられるであろう。

　まずあげられるのは，単純接触効果の現象そのものは，一般の人でもだれでも身近なこととして理解できることであることと，しかしまた，多くの人がそのことに気づいていないことである。この現象のわかりやすさとおもしろさは，社会心理学や認知心理学を中心にした領域で，今日まで研究が続いてきた大きな原動力になったと考えられる。本書の章立てからもわかるように，基礎的，実験室的な研究から日常的，応用的な研究まで，さまざまな研究がされているが，これは，単純接触効果の現象が身近にあり，実用的にも研究する価値があることだからであろう。また学術的にも，人間の心理と行動のメカニズム解明のためのたいへんよい研究対象であるからであろう。

　単純接触効果の研究が読者にインパクトを与えるもう1つの理由は，現代の心理学，特に認知心理学や社会心理学の状況を考えるとき，このような研究が望まれ，今後の研究の発展を促進する有力なテーマであると考えられるからである。閾下単純接触効果の発見に端を発する意識・無意識の問題は，一般的に昔から問題としてあるが，近年では，心理学ではもちろん，神経科学や哲学，物理学などでも幅広く，問題視されている。心理学では，例えば潜在記憶において意識の問題が，以前と違って，実験的に検討されるようになっている。単純接触効果の研究は，このような学術的な時代の潮流と軌を一にしているといえる。また，本書の随所で触れられている感情と認知の問題も，古くから論争がある問題であるが，まだはっきりとしていない。単純接触効果の研究を契機にさらにこの問題を探求できるであろう。こうしてみてくると，少なくとも認知心理学では，感覚・知覚から思考・言語まで，あるいは感性といった認知活動のどのテーマにも，単純接触効果研究は基本的なところで関係しているとい

■おわりに

える。また，本書にあるように，文化心理学や音楽心理学など心理学全体にも広く関係しているのである。

　このように基礎的にも応用的にも，理論的にも実践的にも，どこからも研究でき，また価値のある単純接触効果研究について，本書では，将来有望な若い研究者を中心にして執筆をいただいた。ところどころに，若い人ならではの，はっきりとした意見や主張がみられるが，今後の長期的で持続的な研究活動で，それらを実証してもらいたいと思う。

　読者の方々には，本書を起点として，更なる考察や研究に進展されるならば，編者として望外の幸せである。

　最後になるが，本書の分担執筆者でもある，生駒忍さんには，企画書作成から校正作業に至るまでのさまざまな側面でサポートしていただいた。また北大路書房の奥野浩之さんは，本書の企画段階から熱心に耳を傾けてくださり，本書が世に送り出されるまで懇切丁寧に編集作業にお付き合いくださった。心より御礼申し上げる。

太田信夫，宮本聡介

■執筆者一覧 (執筆順)

宮本聡介（常磐大学人間科学部准教授）	1章
生駒　忍（筑波大学大学院人間総合科学研究科）	2・3・9章
太田信夫（放送大学教授）	3章
松田　憲（山口大学大学院理工学研究科講師）	4・10章
田中大介（(独)科学技術振興機構／社会技術研究開発センター研究員）	5章
清河幸子（東京大学大学院総合文化研究科産学官連携研究員）	5章
山田　歩（学習院大学文学部心理学科非常勤講師）	5・6章
繁桝算男（東京大学大学院総合文化研究科教授）	5章
鈴木美穂（日本学術振興会特別研究員[東北大学]）	7章
石井敬子（北海道大学社会科学実験研究センター助教）	8章
横山詔一（国立国語研究所言語生活グループ長）	11章
長田美穂（日本工学院専門学校非常勤講師）	12章
庄司　健（資生堂化粧品開発センター研究員）	13章
河野理恵（目白大学人間学部講師）	14章

■編者紹介

宮本聡介（みやもと・そうすけ）
  1966年　京都府に生まれる
  1996年　筑波大学大学院博士課程心理学研究科修了
  現　在　常磐大学人間科学部准教授　博士（心理学）
  主　著　安全・安心の心理学（共著）　新曜社　2007年
  　　　　記憶の心理学と現代社会（共著）　有斐閣　2006年
  　　　　社会心理学（共著）　朝倉書店　2006年
  　　　　心理学研究法入門（共訳）　新曜社　2005年
  　　　　JCO事故後の原子力世論（共編著）　ナカニシヤ出版　2004年
  　　　　社会的認知ハンドブック（共編著）　北大路書房　2001年

太田信夫（おおた・のぶお）
  1941年　愛知県に生まれる
  1971年　名古屋大学大学院教育学研究科博士課程単位取得満期退学
  現　在　放送大学教授　筑波大学名誉教授（教育学博士）
  主　著　記憶研究の最前線（共編著）　北大路書房　2000年
  　　　　Lifespan Development of Human Memory（共編著）　MIT Press　2002年
  　　　　Human Learning and Memory: Advances in Theory and Application（共編著）　LEA　2005年
  　　　　Dynamic Cognitive Processes（共編著）　Springer Verlag　2005年
  　　　　Memory and Society: Psychological Perspectives（共編著）　Psychology Press　2006年
  　　　　記憶の心理学と現代社会（編著）　有斐閣　2006年
  　　　　Memory and Emotion: Interdisciplinary Perspectives（共編著）　Blackwell Publishing　2006年
  　　　　記憶の生涯発達心理学（共編著）　北大路書房　2008年

単純接触効果研究の最前線

| 2008年3月20日 | 初版第1刷印刷 | 定価はカバーに表示 |
| 2008年3月31日 | 初版第1刷発行 | してあります。 |

編　者　　宮　本　聡　介
　　　　　太　田　信　夫
発　行　所　　㈱北大路書房

〒603-8303　京都市北区紫野十二坊町12-8
　　　　　電　話　(075) 431-0361 ㈹
　　　　　F A X　(075) 431-9393
　　　　　振　替　01050-4-2083

Ⓒ2008
制作／ラインアート日向・華洲屋　印刷・製本／㈱シナノ
検印省略　落丁・乱丁本はお取り替えいたします。

ISBN978-4-7628-2601-6　　Printed in Japan